KB233361

# 온라인 시장실패의 원인과 대응방안

# 온라인 시장실패의 원인과 대응방안

김 현 식 著

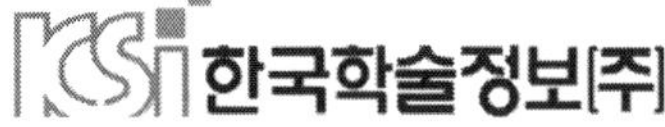

# 책 머리에

온라인 세상은 21세기 디지털 시대를 맞이하여 꽃을 피우고 있습니다. 그러나 온라인 세상은 개인과 기업에게 온라인 시장이라는 무궁무진한 기회를 제공하는 커다란 혜택을 주는 동시에 개인정보 침해라는 위협을 동시에 지닌 "가시 달린 장미"와도 같습니다. 그래서 필자는 이러한 특징을 지닌 온라인 시장의 "가시"의 불편함을 줄이고 "장미"의 아름다움을 즐기게 하는데 기여하고자 다음과 같은 주제로 글을 쓰게 되었습니다.

이 책의 주제는 크게 셋으로 짚어 볼 수 있습니다.
하나는 전통적인 시장의 한계를 가리키는 이른 바 시장실패 현상이 온라인 시장에서도 나타날 수 있다는 점을 지적해 보는 것이고,
둘째는 온라인 시장실패의 개념과 원인을 살펴보는 것이며,
셋째는 온라인 시장실패의 해법을 모색해보는 것입니다.

이 책의 주제는 제가 2000년 봄부터 시작한 서울대학교 경영학과 박사과정 기간을 거치면서 깊이 고민하던 주제 중 하나였습니다. 그래서, 이 책은 지도 교수이신 서울대학교 경영학과 주우진 교수님의 지도하에 작성한 학위논문 <온라인 정보중간상의 서비스역량과 고객정보보호의 성실성에 대한 게임이론적 모형 개발>(2004년 봄 제출)을 바탕으로 하여 썼습니다.

저의 학위논문과 이 책의 차이점을 들자면, 학위논문이 온라인 시장실패의 해법에 초점을 두어 깊게 파고들어 간 것이라면, 이 책은 온라인 시장실패의 개념과 원인에 초점을 두어 넓

게 살펴본 것이라고 볼 수 있습니다.

그래서, 이 책은 저의 학위논문에서 기술한 시장실패의 개념적 틀과 전문용어에 대한 해설을 추가, 보완하였습니다. 이렇게 편집의 방향을 잡게 된 것은 한국학술정보㈜의 황명현 팀장님께서 지적해 주신 독자기반 확대의 필요성에 대한 저의 공감에서 출발하였다고 볼 수 있습니다.

독자께서 이 책을 읽다가 혹시라도 이 책에서 조금이라도 가치 있는 부분을 발견할 수 있다면 그것은 제가 존경하는 지도 교수이신 서울대학교 경영학과 주우진 교수님의 덕분이라고 할 수 있을 것입니다. 그리고, 여전히 남아 있는 미흡한 부분은 저의 모자라는 역량 때문일 것입니다.

끝으로, 저의 부족한 글이 한 권의 책으로 발행되는 영광스러운 자리를 마련해 주신 한국학술정보㈜의 채종준 사장님 이하 여러분께 감사 드리며 이 책을 읽어주시는 독자들의 건강과 행운을 기원합니다.

아울러 조만간 찾아올 눈 덮인 겨울풍경을 꿈꾸어봅니다.

2004년 가을
김현식 배상

# 차   례

# 제8장 고객정보보호의 성실성 신호전송모형 ·········· 121

# 제1장 서  론

## 제1절 연구의 배경 및 목적

### 1. 연구의 배경

세계는 2차세계대전 이후 컴퓨터와 통신 그리고 미디어 등의 정보기술 발달로 야기된 디지털 사회를 맞고 있다. 정보기술의 놀라운 발전과 정보의 디지털화는 정보의 양과 순환속도를 폭발적으로 대량화, 고속화시켜 정치, 경제, 사회, 문화 등 인간생활의 각 분야에 걸쳐 심대한 영향을 끼치고 있다(Brynjolfsson and Kahin 2000). 이러한 변화는 21세기를 맞은 현재 인터넷의 발달 등으로 더욱 가속화되고 있는 것이 현실이다.

디지털사회로의 진전은 정보를 신속 정확하게 수집, 처리, 전달, 이용할 수 있게 함으로써 업무를 효율화하고 제반 사회 분야의 생산성을 제고하는 긍정적인 영향을 미치는 한편, 정보의 통합 및 유통을 신속·용이하게 함으로써 개인정보 침해위험을 높이는 부정적인 영향도 미치고 있다.

따라서, 현대사회는 디지털사회의 긍정적인 면을 극대화하고 부정적인 면을 극소화하여 디지털사회의 이중성을 효과적으로 극복하여야 한다는 시대적 사명을 안고 있다(박병섭 1989).

이는 경제주체간의 교환행위를 연구하는 마케팅 연구의 분야도 예외가 아니다. 정보를 디지털화할 수 있게 됨으로써 정보의 수집, 저장, 분석, 전달 과정에서 과거에 비해 획기적인 정보처리능력을 구비하게 된 기업과 소비자는 "상호작용적인 일대일 연결 마케팅(Interactive One to One Relationship Marketing)"을 통해 소비자 개개인의 욕구를 충족시키고 기업의 성과도 높일 수 있는 호혜적 교환 및 사회후생 증진의 가능성을 발견하고 있다(송창석 1996).

반면에 한계기업(限界企業)[1]에 의한 개인정보 침해와 같은 디지털화 역기능(逆機能) 사례의 증가는 기업의 고객정보보호 노력에 대한 소비자의 신뢰(Trust)를 저하시키고 개인정보 침해 우려 등과 관련된 소비자의 위험지각(Perceived Risk)을 자극하여 디지털시대의 마케팅이 제대로 열매를 맺기 위해 필수적인 기업과 소비자 간의 관계(Relationship) 형성을 지연시켜(Hoffman et al. 1999) 결과적으로 소비자가 기업에 대한 정보 부족에 시달리는 소비자의 정보비대칭성 문제(情報非對稱性, Information Asymmetry)를 심화시킴으로써 우수한 서비스 역량과 성실성을 가진 선량한 일반기업이 마케팅 및 교환기회 측면에서 더 큰 피해를 입게 되는 온라인 환경에서의 시장실패 문제(이하 "온라인 시장실패(Online Market Failure)")를 야기하고 있다(Hagel and Singer 1999).

따라서, 디지털시대의 마케팅이 잠재 효율성을 실현할 수 있도록 온라인 시장실패 문제를 해결하는 것은 마케팅 연구에 있어서 일종의 시대적 사명이라고 볼 수 있다.

---

[1] 본 연구에서의 "일반기업(Company)"은 소비자 개인정보를 토대로 '상호작용적 일대일 마케팅'을 효과적으로 전개하여 소비자의 효용을 충족시킬 수 있는 역량(Competence)을 보유하고, 성실하게 고객정보보호 노력을 기울이는 것이 그 자신에게 유리하므로 실제로 성실하게 정보보호에 노력할 의도와 성실성(Integrity)을 가지고 있는 기업을 의미하며, "한계기업(Competitor)"은 이와 같은 일반기업의 역량과 성실성을 가지고 있지 못한 일종의 "퇴출대상기업"을 의미한다.

하지만 온라인 환경에서의 마케팅에 관한 기존의 다양한 연구는 대부분 기회요인의 활용에 초점을 맞추어 왔고(송창석 1996), 온라인 환경의 위협요인에 대한 연구의 경우에도 소비자 위험지각에 영향을 미치는 요인의 규명(Nowak and Phelphs 1992; Culnan 1993, 1999; Miyazaki and Fernandez 2000), 소비자 위험지각을 자극하지 않는 마케팅 방안의 발굴(Culnan 1995; Nowak and Phelphs 1995; McKim 2001), 소비자 신뢰에 영향을 미치는 영향 요인의 규명(Shankar 2002), 소비자 신뢰 구축 방안의 발굴(Brynjolfsson and Smith 2000; Kollock 1999) 등 온라인 환경의 외생적(外生的) 특성을 고려하여 마케팅 대안을 모색하는 식의 단편적인 연구에 치중하고 있어, 한계기업의 디지털화 역기능 유발 행위로 인해 선량한 일반기업이 더 큰 부담을 떠안는 온라인 시장실패 문제의 내생적(內生的)인 상호작용 관계를 설명하고 해법을 모색하는 심층적 연구에는 이르지 못하고 있는 것이 현실이다.

따라서 온라인 환경을 고정된 외생변수(外生變數)로 취급하는 기존의 "기업–소비자(Company-Consumer, 2C)" 모형에서 탈피하여 온라인 시장실패의 복합적인 내생적(內生的) 상호작용을 설명할 수 있는 "일반기업–한계기업–소비자(Company-Competitor-Consumer, 3C)" 모형을 통해 선량한 일반기업이 "온라인 시장실패" 문제를 극복할 수 있는 해법을 모색하여 제시하는 심층적 연구가 절실히 필요한 시점이다.

## 2. 연구의 목적

본 연구는 전술(前述)한 연구의 필요에 부응하기 위하여 다음의 목적을 가지고 진행되었다.

우선 온라인 환경에서 빈발하는 디지털화 역기능 사례가 기업에 대한 소비자의 신뢰를 해치고 소비자의 위험지각을 높여 소비자와 기업의 관계를 위축시킴으로써 소비자의 정보비대칭성 문제를 심화시키고 이것이 다시 악순환을 이루는 "온라인 시장실패"의 과정에 대한 이론적 모형을 구성함으로써 "온라인 시장실패" 문제의 내생적 상호작용관계를 규명하는 것이 본 연구의 첫 번째 목표이다.

본 연구의 두 번째 목표는 선량한 일반기업이 스스로를 한계기업과 차별화시키기 위하여 온라인 환경에서 보다 효과적으로 사용할 수 있는 신호(信號, Signal)를 발굴하여 제시하는 것이다. 이를 통해 일반기업이 자신의 역량(Competence)과 성실성(Integrity)을 소비자에게 인식시킴으로써 소비자의 정보비대칭성 문제를 불식시키고 나아가 온라인 시장실패 문제를 극복하는데 기여할 수 있게 되는 것이야말로 본 연구의 최종 목적이라고 할 수 있다.

다음으로 위에서 발굴한 신호(信號) 즉, 신호전송수단이 현실적으로 소비자에 의해 받아들여지는지 여부를 실증적으로 검증하는 것이 본 연구의 마지막 목표이다.

# 제2절 연구의 대상 및 방법

## 1. 연구의 대상

본 연구에서는 "온라인 시장실패" 현상을 "일반기업-한계기업-소비자(Company-Competitor-Consumer, 3C)"의 틀로 '일반기업', '한계기업', '소비자'를 포괄하는 모형을 구성하여, '한계기업의 디지털화 역기능 유발 변수', 소비자의 '신뢰'와 '위험지각' 변수, '정보비대칭성' 상황, '일반기업의 신호전송행위' 변수 등이 내생적으로 상호 작용하는 과정을 이론적으로 규명함으로써 온라인 시장실패의 발생과정을 이해하고 그 해결과정을 결과로 도출한 후 이를 실증적으로 검증하였다.

이와 같은 대상에 대하여 진행한 본 연구의 이론적 위치는 <표 1-1>과 같이 관련 연구와 대비할 수 있다.

본 연구에서는 온라인 정보중간상(Infomediary)이라는 업종에 초점을 맞추어 이론 및 실증 모형을 개발하였다. 그 배경은 다음과 같다. 첫째, 소비자와 공급자의 정보를 매개함으로써 수익을 창출하는 정보중간상 사업모델의 특성상 디지털화의 역기능으로 인한 온라인 시장실패 문제가 생존의 문제로 직결될 수 있으므로 가장 민감하게 먼저 반응해야 하는 업종이 정보중간상이기 때문이다. 다시 말해서 정보중간상에 대한 본 연구는 이후 다른 업종에 파급될 수 있는 시금석(試金石)이 될 수 있다.

<표 1-1> "시장실패"의 연구에서 본 연구의 위치

| | 오프라인 시장실패<br>(Offline Market Failure) | 온라인 시장실패<br>(Online Market Failure) |
|---|---|---|
| Company-Consumer (2C) Perspective | Rotfeld and Rotzoll(1976)<br>Kirmani and Wright(1989)<br>Kirmani(1990, 1997)<br>Erdem and Swait(1998)<br>Kelly(1988)<br>Boulding and Kirmani(1993) | Urban et al.(1998, 2000)<br>Shankar et al.(1998)<br>Brynjolfsson and Smith(2000)<br>Dayal et al.(1999)<br>Hoffman et al.(1999) |
| Company-Competitor -Consumer (3C) Perspective | Milgrom and Roberts(1986)<br>Kihlstrom and Riordan(1984)<br>Wernerfelt(1988)<br>Chu(1992)<br>Lutz and Padmanabhan(1995)<br>Moorthy and Srinivasan(1995) | 본 연구 |

둘째, 정보중간상은 소비자와 공급자의 중간에서 정보적 연결을 촉진하는 역할을 담당하므로(임종원과 이동일 1999; 박치관 1999) 정보중간상의 활성화는 다른 업종의 온라인 시장실패 문제를 완화하는데 기여할 수 있다. 셋째, Autobytel.com(자동차, 미국)과 같은 선도적 업체의 등장과 함께 경제적 역할이 주목을 받고 있는(Chen et al. 2002) 미국 등 디지털 선진국과는 다소 차이가 있으나, 국내에서도 Jobbank.co.kr(구인구직, 한국), Speedbank.co.kr (부동산, 한국) 등 일부 업종을 중심으로 온라인 정보중간상 업종이 뿌리를 내리고 있어 경제적 중요성 면에서도 주목할 가치가 있다.

## 2. 연구의 방법

먼저 동적 불완비정보게임(Dynamic incomplete information game)의 대표적 이론 중 하나로 정보비대칭성 문제로 인해 발생하는 역선택 등의 시장실패 문제의 해결과정을 모색하는 과정에서 발달한 정보경제학의 "신호전송이론(Signaling theory)"을 도입하여 온라인 시장실패 현상을 분석하였다.

이를 좀 더 자세히 살펴보면 서비스 역량(Competence)에 대한 소비자의 신뢰가 없는 정보비대칭 상황하에서 정보중간상의 신호전송(信號傳送) 행위를 불완비정보게임 모형(Incomplete information game)을 통해 분석하여 균형을 통해 결과를 도출하고, 다음으로, 고객정보보호의 성실성(Integrity)에 대한 소비자의 신뢰가 없는 상황하에서의 정보중간상의 신호전송(信號傳送) 행위를 무한반복게임 모형(Infinitely repeated game)을 통해 분석하였다.

다음으로 위의 2개의 게임이론적 모형의 분석을 통해 도출된 9개의 결과 중에서 실증적인 검증이 가능한 6개의 결과에 대하여 연구가설을 세워 실험과 설문을 통해 수집한 자료를 토대로 SPSS 10.0을 이용한 신뢰성 분석, 분산분석, T-테스트, 회귀분석을 실시하여 검증하였다.

# 제3절 이 책의 구성

이 책은 총 9장으로 구성되어 있으며 각각의 내용은 다음과 같다. 우선 제1장에서는 본 연구의 배경과 목적, 연구의 분석

대상과 접근방법을 제시하였다.

제2장에서는 온라인 환경의 기본적 특성을 살펴보고 온라인 환경이 기업의 마케팅에 기회(機會) 요인으로 어떤 의미를 가지는지를 살펴보았다.

제3장에서는 온라인 환경에서 마케팅 활동이 성공을 거두기 위한 필요조건으로 주목 받고 있는 온라인 신뢰(Online Trust)의 개념과 특징을 살펴보고 온라인 환경에서의 교환 및 마케팅 활동을 배경으로 이루어진 신뢰 관련 연구를 검토하였다.

제4장에서는 온라인 시장실패(Online Market Failure)의 개념을 정의하고 자세히 살펴보았다. 좀 더 자세히 살펴본다면, 4장에서는 시장실패 일반의 개념, 유형을 살펴보고, 이를 토대로 온라인 시장실패의 개념을 도출한 후 양자의 관계를 정리하였다. 나아가 최근 빈발하는 각종 디지털화 역기능 사례가 기업의 고객정보보호의 성실성에 대한 소비자의 신뢰를 저하시키고 나아가 양자간의 관계발전을 제한하고 정보비대칭성 문제를 심화시켜 "온라인 시장실패" 문제를 야기하게 되는 과정을 개념적으로 정리하고 이에 대한 연구의 필요성을 기술하였다.

제5장에서는 신호전송(信號傳送, Signaling)에 관한 정보경제학 및 마케팅 분야의 기존 연구를 살펴보고, 기존 연구에서 제시된 각종 신호전송수단이 온라인 환경에서도 제대로 적용될 수 있는지 여부를 검토하여 기존 신호전송수단의 제한점을 지적한 후, 새로운 신호전송수단의 필요성을 제기하였다.

제6장에서는 온라인 시장실패 문제 해결의 시금석(試金石)으로서 온라인 정보중간상(情報中間商)이 적합하다는 사실을 정리하고 정보중간상에 대한 기존 연구를 검토한 후 다음 장부터 전개되는 게임이론적 모형(模型) 개발을 위한 사전조사결과과

를 정리한 후 본 연구의 전체적인 구조를 제시하였다.

제7장에서는 동적 불완비정보게임(Dynamic incomplete information game)의 하나로 서비스 역량에 대한 신호전송(信號傳送) 모형을 설계하고 분석하여 온라인 정보중간상의 "회원전용 부가서비스 혜택(Corollary benefits)"이 온라인 환경에서 새롭게 사용할 수 있는 신호전송수단이 될 수 있다는 이론적 가능성을 제시하였다.

제8장에서는 완비정보하에서의 무한반복게임(Infinitely repeated game)의 하나로 고객정보보호의 성실성(誠實性)에 대한 신호전송(信號傳送) 모형을 설계하고 분석하여 고객정보 누출 위험이 높은 업종에 속해 있는 서비스 역량이 낮은 기업일수록 고객정보보호에 더 많은 투자를 해야 한다는 예측을 제기하였다.

제9장에서는 앞의 7장과 8장에서 게임이론 모형에 의해 이론적 가능성이 제기된 총 9개의 결과 중에서 실증이 가능한 6개의 결과에 대한 실증용 연구가설을 설정하여 실험 및 설문을 통해 자료를 수집한 후 분산분석, T-테스트, 회귀분석을 통해 검증하였다. 이를 통해 7장과 8장에서 도출된 이론적 가능성이 실증적으로도 타당하다는 결과를 얻었다.

제10장은 결론에 해당되는데 연구결과의 요약, 시사점을 정리하고 연구의 한계 및 향후 연구과제를 제시하였다.

[그림 1-1] 본 연구의 구성체계

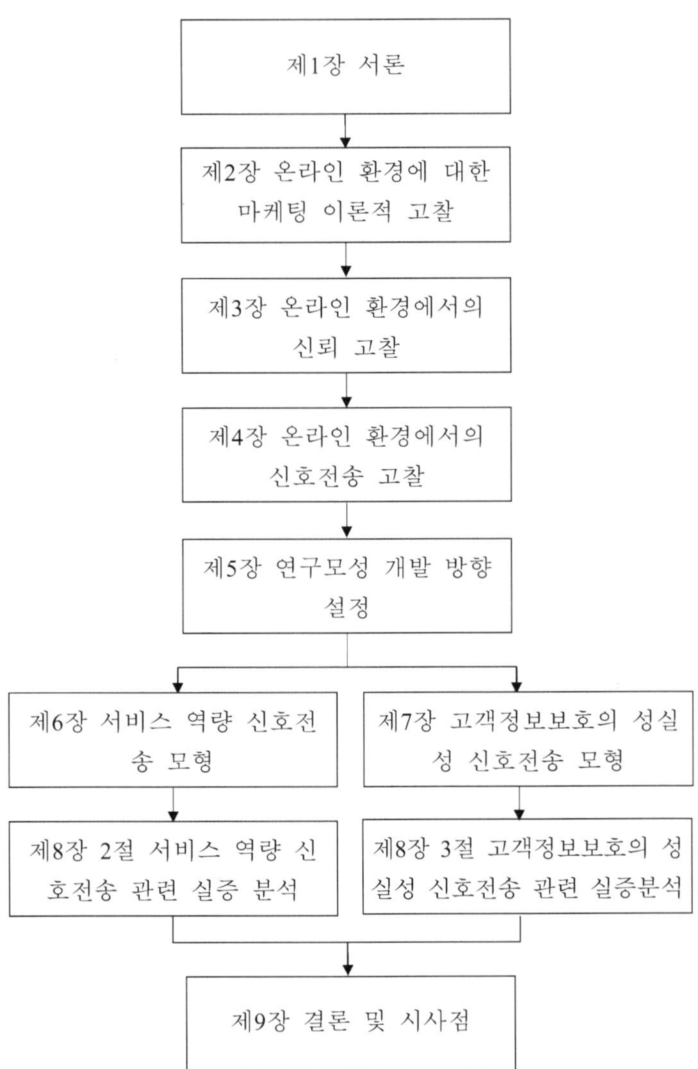

# 제2장 온라인 환경에서의 새로운 마케팅 기회

## 제1절 온라인 환경의 특성에 대한 이해

### 1. 온라인 환경의 개념

온라인 환경에 대한 연구는 크게 두 가지 측면에서 연구되고 있는데 하나는 커뮤니케이션 측면에서의 연구로서 사람들 간의 새로운 커뮤니케이션 방식 즉, 뉴미디어의 발달이 커뮤니케이션을 어떻게 변화시키는가에 관한 것으로서 특히 가상현실에 대한 연구가 주류를 이루고 있다. 다른 하나는 조직간 정보시스템이 개인으로까지 확장된 새로운 시스템에서 이루어지는 마케팅 현상에 대한 연구로 특히 전자적 시장의 연구에 초점을 맞추고 있다(송창석 1996). 이러한 연구의 줄기로부터 파생되어 나온 가상환경(Virtual environment, 송창석 1996; Computer-mediated environment, Hoffman and Novak 1996), 전자적 시장(Electronic market, Klein and Langenohl 1994), 시장공간(Marketspace Rayport, and Sviokla 1994, 1995) 등의 개념이 연구자의 목적에 따라 혼재되어 사용되고 있는데, 본 연구에서는 위의 다양한 개념을 통합하여 제시한 "가상마케팅시스템"(송창석 1996)과 같은 맥락에서 "기업과 소비자가 교환을 위하여 언제 어디서나 상호 작용하도록 전자적으로 지원하는 네트워크"를 온라인 환경으로 규정하고 온라인 환경하에서 기업과 소비자의 교환을 둘러싼 행위에 초점을 맞추어 연구를 진행하기로 한다.

## 2. 온라인 환경의 특성

온라인 환경이 교환의 주체로서의 기업과 소비자에게 주는 특징적 의미는 다음과 같이 정리될 수 있다(송창석 1996; Brynjolfsson and Kahin 2000).

### ① 편재성(Ubiquity)

온라인 환경에서는 매일 24시간 동안 모든 사용자가 어디에서든지 원격 커뮤니케이션 네트워크에 접속할 수 있다(Schmid 1995). 따라서 온라인 환경에서는 모든 구매자와 판매자가 지리적 제약에 구애되지 않고 상호 연결되며(Benjamin and Wigand 1995), 구매자와 판매자를 직접 연결할 수 있게 된다(Bloch et al. 1996).

### ② 개방성

온라인 환경에서는 종래의 폐쇄적 유통경로에서와 같은 시장접근 편파성이 존재하지 않는다(Benjamin and Wigand 1995; Zimmerman 1994). 따라서 모든 구매자는 원하는 정보에 자유롭게 접속할 수 있으며 마케터는 자유로이 시장에 접근할 수 있다. 이처럼 전자적 시장에의 접속 용이성은 구매자의 정보를 증가시켜 보다 많은 경로권한이 소비자에게 옮겨가도록 한다(송창석 1996).

### ③ 상호작용성

온라인 환경은 상호작용성을 지원하여 기업이 고객행동에 동태적으로 적응할 수 있게 한다(Bloch et al. 1996). 소비자와 전자적 시장 간의 인터페이스는 자유로운 시장선택을 쉽게 하는 상호작용적 능력을 제공할 것이다(Benjamin and Wigand 1995).

④ 시간·공간 제약의 제거

전자적 시장은 시간 및 공간의 제약을 없애므로(Bloch et al. 1996) 구매자나 판매자의 지리적 거리는 더 이상 제약요인이 되지 못하며 24시간 원하는 시간에 구매를 할 수 있게 된다(송창석 1996). 하지만 온라인 환경의 이러한 장점은 현실적으로 대부분의 온라인 상거래가 현장의 즉각적인 거래보다는 다른 장소와 시간에서의 거래 형태를 가지게 만들어 "원격비동기거래(Spatial and Temporal Separation between Buyer and Seller)"에 따른 불안요인을 내포한다는 점에 주의해야 한다(Smith et al. 2000).

⑤ 정보교환의 지원

온라인 환경은 구매자와 판매자간의 디지털 정보교환을 지원하여 실시간으로 최신정보를 유지할 수 있게 한다(Bloch et al. 1996). 이러한 정보교환은 매우 높은 대역폭으로 이루어져 대화형 멀티미디어 거래를 하기에 충분할 수 있다(Benjamin and Wigand 1995).

⑥ 낮은 거래비용

온라인 환경하의 전자적 시장은 빠르고 저렴한 정보처리를 토대로 하여 저원가의 거래조정이 촉진되므로(Benjamin and Wigand 1995; Schmid 1995) 구매자와 판매자 사이의 거래비용이 크게 감소하게 된다(Sarkar et al. 1995). 주의할 점은 온라인 환경에서의 탐색비용(Search cost), 선별비용(Filtering cost), 사생활위험 관련 비용(Privacy cost) 등의 거래비용 중에서 사생활위험 관련 비용(Privacy cost)이 두드러지게 높아지고 있으므로(Patterson 2001) 모든 거래비용이 획일적으로 낮아진다고는 볼 수 없으며,

전체적인 거래비용도 온라인 환경에서 오히려 높아지는 비용 요소를 고려한 후 판단해야 한다는 점이다.

온라인 환경은 새로운 마케팅의 기회를 많이 제공하지만, 위협적인 요소도 적지 않다. 소비자의 디지털화된 개인정보가 낮은 비용으로 편재성, 개방성, 상호작용성이 갖추어진 온라인 환경에서 악용될 경우에 초래될 수 있는 위험성은 온라인 환경이 가지는 매체로서의 효율성이 증가할수록 비례적으로 높아지는 것이다. 정리하자면, 온라인 환경은 마케팅에 있어서 "양날의 칼"과 같다고 볼 수 있다.

# 제2절   온라인 환경의 마케팅 기회 요소 이해

## 1. 온라인 환경의 마케팅 기회의 차원

온라인 환경은 수천명의 공급자와 수백만의 소비자를 모아 정보중심시장을 형성함으로써 공급자의 마케팅 기회, 소비자의 편리성, 전반적 시장 효율성 측면에서 새로운 지평을 제공한다고 평가되는데(Baty and Lee 1995; 송창석 1996), 온라인 환경이 기업체게 제공하는 기회는 크게 새로운 유통경로로서, 새로운 마케팅 커뮤니케이션 매체로서, 하나의 새로운 시장으로서 나뉜다 (Hoffman et al. 1995).

이와 같이 온라인 환경이 제공하는 기회를 Bloch et al.(1996)

는 마케팅활동의 개선, 변환, 재정의라는 세 가지 수준으로 정리하였는데, 마케팅활동의 개선에는 제품촉진, 새로운 판매경로, 시장도달시간 단축 등이 해당되고, 마케팅활동의 변환에는 고객관계변화, 마케팅활동의 재정의에는 신제품 및 신사업 모형의 가능성 등이 해당된다.

Rao and Swaminathan(1996)은 시장동향정보 획득가능성 증가, 의견선도자(초기 채택자) 커뮤니티 형성 가능성 증가, 커뮤니케이션 경로 증가 등을 온라인 환경이 기업에게 제공하는 기회로 꼽았으며, 제품의 특성, 혜택, 가격을 비교할 수 있는 풍부한 개별화된 정보 획득가능성을 온라인 환경이 소비자에게 제공하는 기회로 보았다.

결국 Nemmers(1996)이 정리한 바와 같이 온라인 환경은 과거에 비해 더 낳은 접근성, 더 낮은 비용, 더 높은 효율을 달성할 수 있도록 하고 보다 개인화된 마케팅 커뮤니케이션을 통해 기업과 소비자 모두 교환을 통해 더 많은 것을 얻을 수 있는 기회를 제공할 수 있을 것이다.

이러한 온라인 환경의 기회요인은 대중 마케팅(Mass marketing)에 기반한 전통적 마케팅과는 다른 새로운 마케팅 패러다임의 등장을 촉진시키고 있는데, 온라인 환경의 도래와 더불어 가장 주목 받고 있는 마케팅 패러다임으로는 상호작용적 마케팅(Interactive marketing), 일대일 마케팅(One-to-one marketing), 연결 마케팅(Relationship marketing) 등을 꼽을 수 있다(송창석 1996). 본 연구에서는 이러한 선행연구에 따라 온라인 환경에서의 새로운 마케팅 패러다임을 "상호작용적 일대일 연결 마케팅(Interactive One-to-one Relationship Marketing)"으로 포괄적으로 규정하기로 한다.

## 2. 상호작용적 일대일 연결마케팅 기회

마케팅에서의 관계(Relationship)는 교환의 발생에 직간접적으로 영향을 미치는 기관, 사물, 현상, 행동들이 서로 얽혀진 연계, 연관의 상태로 정의되는데(임종원과 김기찬 1990), 전술한 마케팅 패러다임은 이러한 관계에 입각한 교환 즉, 관계적 교환에 초점을 맞추고 있다(Dwyer et al. 1987; 송창석 1996).

Webster(1992)는 종래의 미시경제학적 최적화 사고에 기반을 둔 전통적 마케팅 관리에 대한 비판과 동시에 고객관계를 기업의 핵심적인 전략의 원천으로 강조하면서 관계의 유형을 제시하였는데, 여기서의 관계는 거래, 반복거래, 장기적 관계, 구매자-판매자 파트너쉽, 전략적 제휴, 네트워크 조직, 수직적 통합 등으로 다양한 유형으로 구분될 수 있다.

Grönroos(1990)는 연결 마케팅을 참가자들의 목표가 일치되도록 고객관계를 구축하고 유지하고 고양하고 상업화하는 것으로 정의하고, 이는 호혜적 교환과 약속 이행으로 행해진다고 주장하고 있다.

유사한 맥락에서 Shani and Chalasani(1992)는 연결 마케팅을 장기간에 걸쳐 상호적이고 개별화된 가치부가적 접촉을 통해서 개별 고객들과의 네트워크를 파악, 구축, 유지하고 양측의 호혜적 혜택을 위한 네트워크를 지속적으로 강화하는 통합된 노력으로 정의하고 있다.

디지털화의 진전과정에서 인터넷 등 고성능 미디어의 보급률 증가는 커뮤니케이션 측면에서 쌍방향성의 증진 외에도 개인화(Personalization)의 진전이라는 효과도 가져오게 된다(김원수 외 1996).

이를 새로운 마케팅 패러다임들의 하나로 개별 마케팅 컨셉트(Personalized marketing concept)로 표현하기도 하는데, 인터넷의 확산과 더불어 대중 마케팅(Mass marketing)의 시대와 집단 마케팅(Segment marketing)의 시대는 가고 개별 마케팅의 시대가 도래하고 있다고 볼 수 있다(김재일 2001).

디지털시대의 고도화된 데이터베이스 기술 및 인터넷과 같은 정보기술의 발전은 기업과 소비자 간의 일대일 의사소통(Blattberg 1994)과 관계 참여자 간의 상호 식별(Blattberg 1994)이 가능하게 만들었는데, 이러한 연결 환경에서는 의사소통 방식 면에 있어서 일 대 다 방식에서 일 대 일을 포함한 다 대 다 형식이 선호되며(Hoffman and Novak 1996), 단 방향의 독백(Monolog)보다는 대화 형식이 선호된다(Blattberg and Deighton 1996). 다시 말해 기업이 소비자를 공략목표(Target)가 아닌 협력자(McKenna 1995)로 보고 개별적인 소비자를 지속적으로 관리할 수 있게 된 것이다(김영걸과 박정훈 1999).

<표 2-1> 전통적 마케팅과 인터넷 마케팅의 차이

| 전통적 마케팅 | 인터넷 마케팅 |
|---|---|
| 일방적 | 쌍방향적 |
| 대중 마케팅 | 1대1 마케팅 |
| 이미지 중심 | 정보 중심 |
| 제품 중심 | 관계 중심 |
| 수동적 소비자 | 능동적 소비자 |
| 간접경로 위주 | 직접 경로 |

자료원: 김재일(2001)

## 3. 상호작용적 일대일 연결마케팅 성공의 필요조건

개별 마케팅(Personalized marketing) 과정은 고객 파악, 고객 구별, 고객과의 상호작용, 개별고객의 욕구에 맞게 상품·서비스를 맞춤화하는 단계적인 과정을 거쳐 발전하게 되는데(Gilmore and Fine 2001), 개별 마케팅(Personalized marketing)으로 집약되는 디지털화시대의 마케팅(김재일 2001)이 추구하는 소비자와의 협력적 관계(McKenna 1995)를 구축하고 강화하는 과정에서 소비자 정보는 필수적인 요소가 된다.

[그림 2-1] 동적 고객관계관리와 소비자 정보의 관계

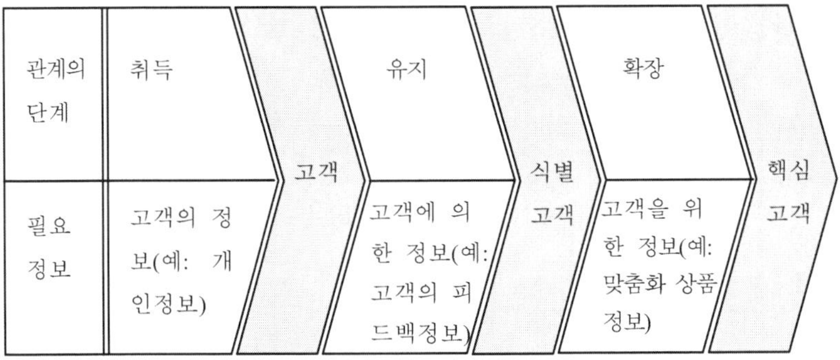

| 관계의 단계 | 취득 | 유지 | 확장 | |
|---|---|---|---|---|
| 필요 정보 | 고객의 정보(예: 개인정보) | 고객에 의한 정보(예: 고객의 피드백정보) | 고객을 위한 정보(예: 맞춤화 상품정보) | |



자료원: 김영결과 박정훈(1999)에서 수정 인용

소비자 정보는 개인식별정보, 인구통계적 정보, 생활양식(Lifestyle) 정보, 구매이력 정보, 재무정보 등으로 세분화될 수 있는데(Phelps et al. 2000), 이력정보는 소비자의 미래구매행동을 예측할 수 있는 기반이 된다는 점에서 최근 점점 더 큰 가치를 인정 받고

있다(Rossi et al. 1996).

정보 커뮤니케이션 기술이 고도화된 온라인 환경에서는 상품과 그 상품을 만드는 기업이 개별소비자의 취향을 기억할 수 있는 능력을 가지게 된다. 그 결과 종래의 일방적 마케팅은 연결 마케팅으로 자연스럽게 대체된다. 개별 소비자의 모든 것을 기억하는 능력은 관계를 지속시키는데 기본적인 요구사항이고 소비자가 다른 경쟁업체의 상품에 기웃거리지 않고 한 상품에 충실히 머물게 하는 주된 기반이 될 것이다(Peppers and Rogers 1993; 송창석 1996). 마이크로칩을 소비자가 필요로 하는 것을 배우고 기억하는데 사용하고 소비자의 요구에 신속하게 반응한다면 마케터는 확고한 고객관계를 창출할 수 있을 것이다 (Peppers and Rogers 1993).

결국 정보는 점점 개인화되고 시장은 점점 더 작은 집단으로 분화되어 결국에는 한 개인으로 남게 될 것이다. 여기서 개인의 정보란 인구통계적 의미 이상의 것을 포함하는 것이다 (Negroponte 1995).

Rossi et al.(1996)의 연구에 따르면 구매이력정보까지 분석하여 쿠폰을 발송할 경우에 무작위로 쿠폰을 발송하는 경우에 비해 2.5배의 수익증가가 발생할 수 있다. 이때 정보의 기대가치(Expected value of information)는 정보를 입수함으로써 얻을 수 있는 기대화폐가치(Expected monetary value)의 증분을 의미한다

일반적으로 정보의 기대가치에서 정보의 추정비용(Estimated cost of information)을 차감한 것을 정보의 순기대가치(Net expected value of information)라고 하는데 이 값이 0보다 크면 정보 수집을 시도하게 된다(김원수 외 1996).

[그림 2-2] 소비자 정보와 개별 마케팅의 관계

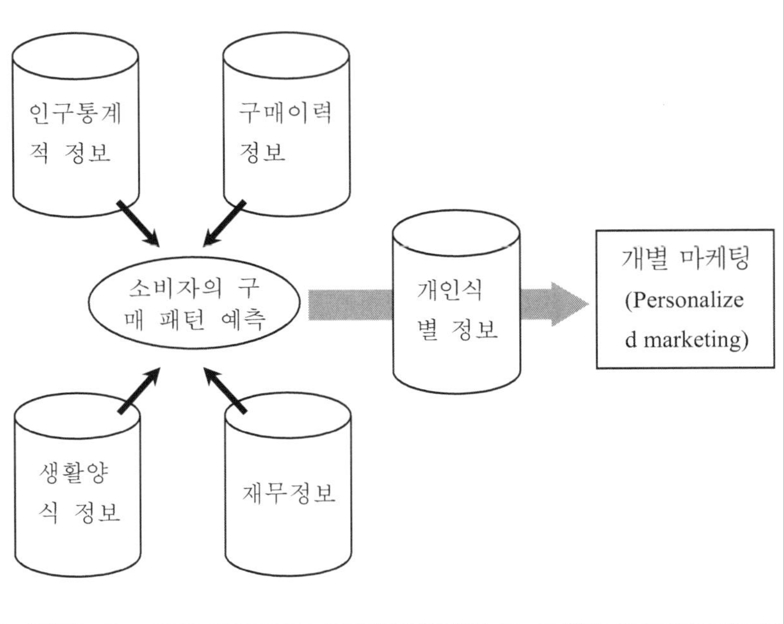


실제로 소비자의 개인정보는 기업의 중요한 경제적 자산으로 인식되고 있으며, 소비자의 개인정보를 확보한다는 것이 영업활동의 기초를 마련한다는 것과 같은 의미를 지니게 되었으며, 정보통신정책연구원의 조사에서도 소비자 개인정보 20만명의 자산가치 추정액은 약 35억원으로 조사되었으며, 조사대상 기업의 77%가 소비자의 개인정보가 자신의 기업활동에 중요하다고 답변하였다(정보통신부 2002).

결국 온라인 환경하에서의 상호작용적 일대일 연결 마케팅의 과정은 소비자 정보(情報)로부터 시작되어 소비자 정보로 귀결되는 발전적 순환의 형태를 가진다는 점에서 그 핵심은 소비자 정보에 있다(Hagel and Rayport 1997)고 할 수 있다.

여기서 소비자 정보의 획득과 갱신은 소비자의 협조 없이 이루어질 수 없다는 사실과 소비자가 적극적으로 기업과의 상호작용에 참여하고 협조할수록 기업과 소비자 사이의 관계가 발전한다(Webster 1992)는 점을 고려한다면 온라인 환경하에서의 상호작용적 일대일 연결 마케팅이 성과를 거두기 위해서는 기업과 소비자 간의 상호작용에 대한 소비자의 참여와 협조가 요구된다는 점을 지적할 수 있다(Hoffman et al. 1999).

그런데 기업과의 상호작용에 대한 소비자의 협조는 기업에 대한 소비자의 신뢰가 있을 때 제대로 이루어질 수 있다(Morgan and Hunt 1994)는 점에서 온라인 환경에서 상호작용적 일대일 연결 마케팅의 근간은 기업이 소비자의 신뢰를 받을 수 있느냐 여부에 달려있다고 해도 과언이 아닌 것이다.

# 제3장 온라인 마케팅 성공의 조건: 신 뢰

## 제1절 신뢰(Trust)에 대한 이해

### 1. 신뢰의 개념

Oxford 영어사전은 신뢰(Trust)를 다음과 같이 정의하였다: ① 사람이나 사물의 질 또는 속성에 대한 확신 또는 의존하는 것, ② 조사 또는 증거가 없어도 수락하거나 인정하는 것, ③ 성실성-믿음성-충성도의 속성과 관련된 어떤 대상에 대한 확신적 기대감(윤성준 2000).

신뢰(Trust)는 1950년대 이래로 철학, 심리학, 정치학, 컴퓨터공학, 정보시스템학, 경영학, 마케팅, e-Business 등 다양한 분야에서 광범위하게 연구가 진행되어 왔는데(Shankar et al. 2002), 신뢰가 존재하기 위한 필요조건으로는 한결같이 "위험(Risk)의 존재"와 "상호의존성(Interdependence)의 존재"를 인정하고 있다(Rousseau et al. 1998).

마케팅 연구와 관련되어서도 상거래에서 신뢰(Trust) 또는 신뢰가능성(Trustworthiness)이 차지하는 중요성에 대해서 많은 연구가 주목해 왔다(Barney and Hansen 1994; Zaheer et al. 1998). 신뢰는 한 개인이 다른 개인 혹은 사물에 대해 갖는 태도의 하나인데(윤성준 2000), 마케팅 연구에서 보는 신뢰의 핵심은 "교환관계에서의 거래상대가 자신의 약점을 이용하는 기회주의적 행위를 하지 않으리라는 확신"이라고 볼 수 있다(Sako 1991, Barney and Hansen 1994; Dyer and Chu 2003).

Forrester survey(2000)에 따르면 51%의 기업이 신뢰하지 못하는 상대와는 온라인 환경에서 거래하지 않는 것으로 나타났다고 한다. 신뢰는 "원격비동기거래"가 많이 발생하는 온라인 환경에서 거래성립의 필수 요소로 인정 받고 있다(Shankar et al. 2002). Hoffman et al.(1999)에 따르면 인터넷 사이트의 개인정보 제공 조건을 거절하는 인터넷 사용자 중 63%가 정보 요구자를 신뢰하지 않기 때문이라고 응답하고 있다. 소비자는 신뢰할 수 없는 정보 요구자에 대해서 어쩔 수 없이 정보를 제공해야 할 경우에는 정보제공을 미루거나 거짓 정보를 제공하는 것으로 대응하게 된다(Hoffman at al. 1999). 결국 인터넷을 통해 소비자와 생산적인 관계를 정립하기 위해 해야 할 최우선 과제 중 하나는 소비자의 신뢰를 얻는 것이며, 소비자의 신뢰를 얻게 되면 소비자는 기꺼이 개인정보를 제공하게 될 것이다(Hoffman et al. 1999). 요컨대 신뢰(Trust)야말로 "온라인 시장실패" 문제의 출발점이자 해결의 열쇠인 셈이다.

이러한 신뢰는 다음과 같은 세 가지 상황에서 발생할 수 있다(Dyer and Chu 2003). 첫째 신뢰 가능한 거래상대가 사전약속에 따라 성실하게 노력하는 것으로 알려질 때, 둘째 시장상황의 변동 시 교환당사자가 공정하다고 느끼는 방식으로 조정해갈 때, 셋째 가능한 상황에서도 거래상대를 기회주의적으로 이용하지 않을 때 등이다(Mayer et al. 1995). 따라서 신뢰의 3요소로 신뢰성(Reliability), 공정성(Fairness), 호의성(Goodwill/Benevolence)을 꼽을 수 있다(Dyer and Chu 2003).

Rousseau et al.(1998)의 연구에서는 신뢰를 제재적 신뢰(Deterrence-based Trust), 계산적 신뢰(Calculative Trust), 관계적 신뢰(Relational

Trust), 제도적 신뢰(Institutional Trust) 등의 네 가지 유형으로 구분하고 있다(김동원 2003). 여기서 제재적 신뢰(Deterrence-based Trust)는 신뢰는 신뢰를 위반하는 것에 대한 제재가 기회주의적 행동에 의한 잠재적 이익보다 더 비싼 경우에 발생한다(Ring and Vand de Ven 1992, 1994) 경제학의 거래비용이론에서 많이 언급되는 전환비용의 형태를 나타내는 자산특유성(Asset specificity)이 제재적 신뢰의 대표적 형태가 된다.

다음으로 계산적 신뢰(Calculative Trust)는 거래의 상대방이 이로운 행동을 할 의도가 있다는 사실을 인식할 때 생겨난다. 따라서 상대방의 의도 또는 능력에 대한 정보에 달려있다고 볼 수 있다. 경제주체의 합리적인 선택에 의존한다는 점에서 제재적 신뢰와 일맥상통하는 면이 없지 않다(Dyer and Chu 2000).

관계적 신뢰(Relational Trust)는 거래 쌍방의 반복적인 상호작용에서 생겨나는 신뢰이다. 과거 상호작용에 대한 신뢰성과 의존성이 상대의 의도에 대한 긍정적인 기대를 야기하여 관계적 신뢰가 형성되며 나아가 장기간 상호작용으로 쌍방간 상호배려와 관심에 따른 애착이 형성되므로 정서적 신뢰(Affective Trust, McAllister 1995)로 확장될 수 있다.

끝으로 제도적 신뢰(Institutional Trust)는 전술한 신뢰의 하부 구조에 해당된다고 볼 수 있는데, 예를 들어 조직수준의 팀워크 문화, 사회수준에서의 개인 권리와 소유를 보호하는 법 체계 등과 같은 문화적 기반으로서 존재한다.

## 2. 신뢰의 기능

신뢰의 기능에 대해서는 전술한 바와 같이 심리학, 사회학,

경제학 등에서 다양한 각도로 조명되고 있는데, 온라인 환경에서의 교환과정에서 발생하는 시장실패 문제를 조명하기 위하여 본 연구에서는 특히 마케팅 및 교환과 관련된 신뢰의 기능에 초점을 맞추어 검토하였다.

우선 Bradach and Eccles(1989)는 신뢰를 한 기업당사자가 기회주의적으로 행동할지 모른다는 두려움을 없애주는 기대감으로 보고 신뢰가 기업간의 교환행위를 촉진하는 요인이라고 보았다. Pruitt(1981) 역시 신뢰가 관계적 교환에 이루게 하는 조정(Coordination)과 협동(Cooperation)의 필수전제조건이라고 보았는데, 이는 신뢰가 누적된 상호작용의 과정에서 연유된다는 특성을 반영한다고 할 수 있다(윤성준 2000).

Ganesan(1994)은 신뢰가 교환관계를 지속시켜 불확실성에 따르는 거래비용을 감소시키고 일방의 기회주의적 행동 위험성에 대한 우려를 낮춤으로써 상대방에 대한 장기지향적 태도를 증가시킨다고 보았다.

Moorman et al.(1992)은 마케팅조사 의뢰자의 마케팅 조사자에 대한 신뢰가 조사 관계에 대한 몰입에 중요한 영향을 미쳤다는 사실을 규명하였다. 그 밖에 Siguaw et al.(1998)는 공급자에 대한 신뢰수준이 높을수록 유통업자가 재무성과에 대해 느끼는 만족도가 높다는 사실을 발견하였다.

Morgan and Hunt(1994)는 신뢰가 교환과 관련된 불확실성을 감소시키고 교환 당사자간의 협력을 증진시킨다고 보았으며 나아가 한 사회의 구성원이 다른 구성원에 대해 보유하고 있는 신뢰는 사회의 효율성과 생존까지 결정하게 된다고 보았다(김동원 2003).

신뢰가 교환과 관련된 불확실성의 감소와 협력 증진 기능을 한다는 Morgan and Hunt(1994)의 지적은 다음의 [그림 3-1]에 나타나있다.

[그림 3-1] 신뢰의 기능

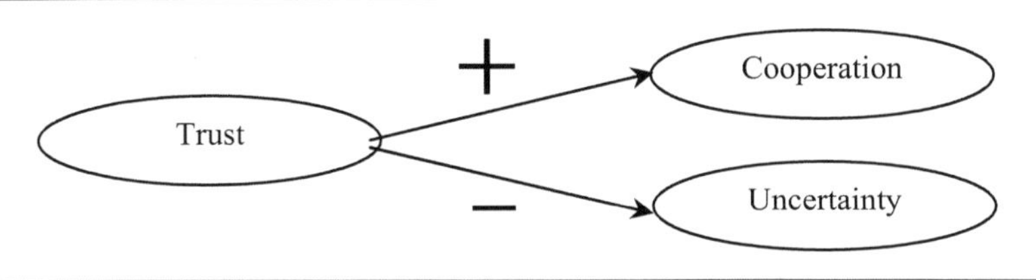


자료원: Morgan and Hunt(1994)에서 수정 인용

## 3. 신뢰의 차원: 역량(Competence)과 성실성(Integrity)

신뢰(Trust)의 차원에 대해서는 단일차원론과 다중차원론이 병존하고 있는데, Anderson and Narus(1990)이 거래 상대방을 신뢰하느냐는 직접 질문에 의해 신뢰를 측정한 예부터 인지(Cognition)기반 신뢰와 감정(Affect)기반 신뢰 등으로 신뢰의 차원을 구분한 McAllister(1995)에 이르기까지 다양한 시각이 공존해 왔다. (김동원 2003)

특히 최근에는 신뢰가 이중적인 차원을 가진다는 연구가 많이 제시되고 있다. 널리 받아들여지고 있는 Morgan and Hunt(1994)의 견해에 따르면 "신뢰는 거래 상대방의 믿음직성(Reliability)과 성실성(Integrity)에 대한 확신(Confidence)"이라고 정의되는데, Barber(1983)는 신뢰의 차원으로 역량(Competence)과 책임(Responsibility)을 꼽았으며, McAllister(1995)는 인지(Cognition)기반 신뢰와 감정(Affect)기반 신뢰, Ganesan and Hess(1997)는 신용(Credibility)과 자애심

(Benevolence)을 들었다. 최근 Singh and Sirdeshmukh(2000)는 역량(Competence)과 자애심(Benevolence)을 들고 있다. 그 밖에 Lewicki and McAllister(1998), 김동원(2003) 등은 긍정적 차원의 신뢰와 부정적 차원의 신뢰라는 이중 차원으로 신뢰의 개념적 차원을 구분하여 제시하고 있다. 신뢰의 이중적 차원에 관한 이상의 다양한 문헌을 정리하면 [그림 3-2]와 같다.

[그림 3-2] 신뢰의 이중차원

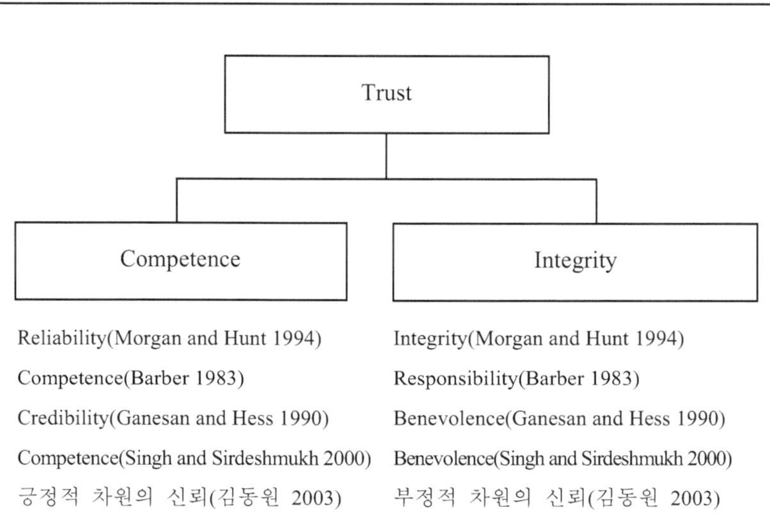


## 4. 신뢰의 형성과정

거래당사자간 신뢰가 구축되는 과정에 대한 다양한 선행연구들을 정리해보면 신뢰가 구축되는 경로는 크게 세 가지로 분류된다(Dyer and Chu 2000).

첫째, 관계기반 신뢰 구축(Relationship-based Trust)의 경로이다.

거래당사자간의 인적, 사회적 접촉 과정을 통해 형성되는 인적 네트워크에서 신뢰가 파생되고(Granovetter 1985, Uzzi 1997) 기회주의적 행위에 대해서 존경의 철회, 추방 등의 기제(機制)를 통해 처벌함으로써 신뢰를 유지할 수 있게 된다(Light 1972; Dyer and Chu 2000).

둘째, 프로세스기반 신뢰 구축(Process-based Trust)이다. 개인적 접촉보다는 조직간의 시스템화된 교류 프로세스에서 상호간의 신뢰가 파생된다. 예를 들어 반복적이고 지속적인 거래(Gulati 1995) 혹은 지속적인 공동 문제해결 프로세스를 통해 상호간의 신뢰가 형성될 수 있는 것이다(Zaheer et al. 1998).

셋째, 경제적 볼모 기반 신뢰 구축(Economic hostage-based Trust)이다. 거래당사자는 주식 상호교환 등 볼모의 교환(Exchange of hostage)으로 신빙성 있는 약속(Credible commitment) 상황이 형성되면 계산적 신뢰(Calculative Trust)가 생겨난다(Kliein 1980; Williamson 1983, 1993). 이러한 계산적인 신뢰는 시간이 흐르면서 비계산적인 신뢰도 파생시키게 된다(Gerlach 1992; Dyer and Chu 2000).

Rousseau et al.(1998)의 연구를 토대로 신뢰가 구축되는 과정을 정리하면 [그림 3-3]과 같다. 본 연구에서는 디지털화 역기능에 의한 신뢰 저하와 이로 인해 야기되는 소비자의 정보비대칭성 문제가 다시 신뢰 저하를 심화시키는 "온라인 시장실패" 문제에 초점을 두고 있으므로, 소비자와 기업의 정보비대칭성이 존재하는 관계형성 전(前) 단계에서의 계산적 신뢰(Calculative Trust)가 생겨나는 과정이 분석의 초점이 된다.

[그림 3-3] 신뢰 구축 과정

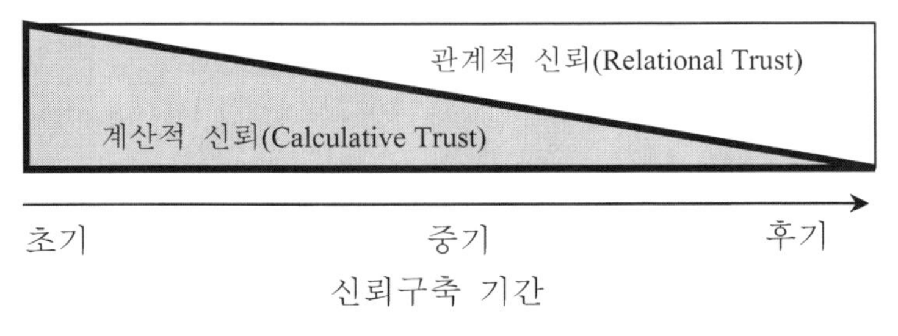


자료원: Rousseau et al. (1998)에서 수정 인용

# 제2절   온라인 환경에서의 신뢰의 의미에 대한 이해

## 1. 온라인 신뢰(Online Trust)의 개념에 대한 연구

Shankar et al.(2002)는 온라인 신뢰(Online trust)를 종래의 오프라인 신뢰와 구분하여 특징을 제시하였다. Shankar et al.(2002)에 따르면 기본적인 신뢰의 개념은 오프라인 신뢰와 대동소이하지만(Rousseau et al. 1998; Shankar et al. 2002), 오프라인 신뢰가 주로 그 대상이 사람 혹은 조직 등의 실체인데 반해서 온라인 신뢰의 대상은 인터넷 등 기술 그 자체가 중요하게 부각된다(Marcella 1999)는 차이가 있다.

Urban et al.(2000)에 따르면 온라인 상에서의 신뢰 구축을 위한 핵심 3요소는 (1) 사이트에 대한 신뢰 (2) 사이트에서 제공하는 정보의 신뢰 (3) 해당 사이트의 서비스에 대한 신뢰이며 사이트에 대한 신뢰가 다른 신뢰의 선결요건이라는 점을 지적하고 있다.

다음으로, Tan and Thoen(2002)은 온라인 거래에 대한 신뢰 형성 요인을 [그림 3-4]와 같이 제시하였다. Tan and Thoen(2002)은 온라인 거래에 대한 신뢰에 영향을 미치는 변수로 거래 상대방에 대한 신뢰, 거래 방식에 대한 신뢰 등의 외부적인 요인과 거래의 잠재이익, 위험에 대한 태도 등의 내부적인 요인을 들고 있다.

[그림 3-4] 온라인 거래에의 신뢰에 대한 영향 요인

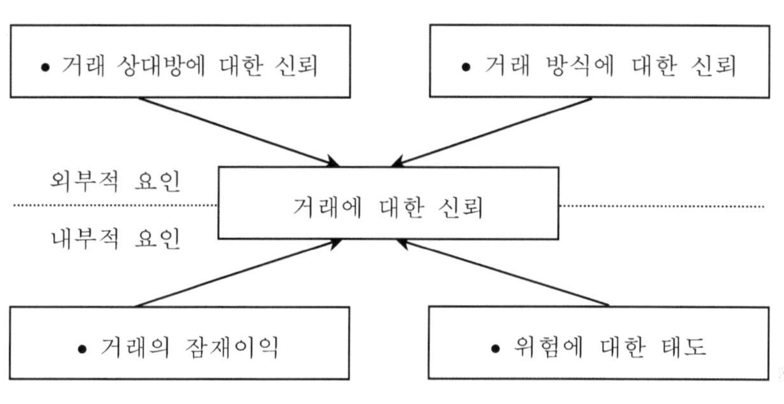


자료원: Tan and Thoen(2001)

김동원(2003)의 연구에서는 온라인 환경에서의 신뢰를 긍정적 차원의 신뢰와 부정적 차원의 신뢰로 구분하여 관계몰입과 구매의도에 차별적인 영향을 미친다는 결과를 제시하였다.

그 밖에, Sultan et al.(2002)의 연구에서는 25개 웹사이트에 대한 질문을 통해 6,700명의 자료를 수집하여 온라인 신뢰의 차

원을 "Credibility/reliability", "Emotional comfort", "Quality of the company" 등으로 제시하였다.

이러한 다양한 연구결과를 토대로 Shankar et al.(2002)는 온라인 신뢰의 개념에 대한 종합적인 연구의 틀을 [그림 3-5]와 같이 제시하였다.

[그림 3-5] 온라인 신뢰 연구의 종합적인 틀

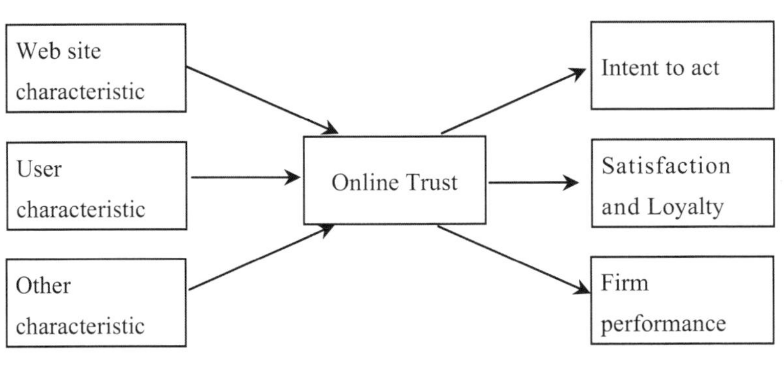


자료원 : Shankar et al.(2002)에서 수정 인용

본 연구에서는 소비자가 거래의 상대방인 기업에 대하여 충분한 정보를 못 가진 정보비대칭 상황에서 발생하는 온라인 시장실패 문제의 해소방안을 연구하는데 목적을 두고 있으므로, 신뢰의 개념에 대한 학제간의 개념 규정이 대동소이(大同小異)하여 기본 구조 및 차원은 유사하되 신뢰의 연구 상황과 대상에 따라 세부적인 조작적 정의 차원에서 다소 차이가 생기게 마련이므로(Rousseau et al. 1998), 신뢰의 차원으로 역량(Competence)과 성실성(Integrity)을 제시해온 선행연구의 기본 틀([그림 3-2] 참조)을 받아들이고, 온라인 환경에서 두드러지

게 강조되고 있는 개인정보보호에 대한 신뢰의 요인에 주목하
여(Hoffman et al. 1999) "서비스 역량(Capability)"에 관한 신뢰와
"고객정보보호의 성실성(Integrity)"에 관한 신뢰를 중심으로 분
석을 진행하였다.

[그림 3-6] 온라인 신뢰의 차원

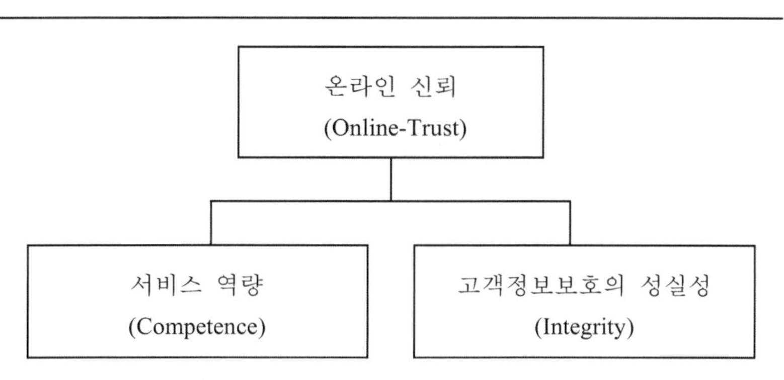


본 연구에서 규명하고자 하는 온라인 환경에서의 신뢰 개념
을 Urban et al.(2000)의 연구와 비교해보면, Urban et al.(2000)이
제시한 사이트에 대한 신뢰, 사이트에서 제공하는 정보의 신뢰,
해당 사이트의 서비스에 대한 신뢰 등의 세 가지 유형의 신뢰
를 합쳐서 "사이트의 서비스 역량(Competence)에 대한 신뢰"로
보고 사이트에 대한 신뢰에 "사이트의 고객정보보호의 성실성
(Integrity)에 관한 신뢰"라는 차원을 추가한 셈이 된다.

다음으로 본 연구에서 규명하고자 하는 온라인 환경에서의
신뢰 개념을 Tan and Thoen(2002)의 연구와 비교해보면, Tan and
Thoen(2002)이 제시한 거래상대방에 대한 신뢰 요인을 구체화
하여 "거래상대방의 서비스 역량(Competence)에 대한 신뢰" 차
원과 "거래상대방의 고객정보보호의 성실성(Integrity)에 관한

신뢰"라는 차원으로 나눈 셈이 된다.

끝으로, 본 연구에서 규명하고자 하는 온라인 환경에서의 신뢰 개념을 김동원(2003)의 연구와 비교해보면, "거래상대방의 서비스 역량(Competence)에 대한 신뢰"는 긍정적 차원의 신뢰의 하부요인이 될 수 있고, "거래상대방의 고객정보보호의 성실성(Integrity)에 관한 신뢰"는 부정적 차원의 신뢰의 하부요인이 될 수 있다.

## 2. 온라인 환경에서 신뢰의 형성과정에 대한 고찰

Urban et al.(2000)에 따르면 온라인 상에서의 신뢰 구축을 위한 핵심 3요소는 (1) 사이트에 대한 신뢰 (2) 사이트에서 제공하는 정보의 신뢰 (3) 해당 사이트의 서비스에 대한 신뢰이며 사이트에 대한 신뢰가 다른 신뢰의 선결요건이라는 점을 지적하고 있다(김동원 2003).

그런데 온라인 상거래에서의 신뢰는 시간경과에 따르는 경험의 결과물로서 역동적 프로세스로 이해되어야 하며, 경험에 따라 강화 또는 약화된다(Cheskin Research 1999).

Cheskin Research(1999)에 따르면 전자상거래에서의 신뢰 형성은 3단계를 거쳐 이루어지게 되는데 첫 단계는 혼돈(Chaos) 단계로서 특정 사이트를 처음 접하는 방문자는 정보의 안전성에 대한 불안, 불확실한 서비스 품질 등으로 인하여 혼돈에 빠지게 되고 이는 개인 정보의 통제에 대한 욕구로 전환된다. 즉 신뢰를 쌓도록 의식적인 노력을 하는 단계이다. 이때에는 신뢰가 존재하지 않거나 외재적인 단서에 의존하여 형성된 신뢰로 시험구매를 하게 된다(Calculus-based Trust 단계, Lewicki and

Bunker 1996).

둘째 단계는 신뢰를 확인하는 단계로 이것은 사용자의 통제력을 보장해주는 안전성을 재확인하는 과정이다. 여기서 방문자는 외재적 신뢰와 내재적 신뢰에 동시에 의존하여 구매하게 된다(Knowledge-based Trust 단계, Lewicki and Bunker 1996).

셋째 단계는 신뢰를 유지하는 단계로서 안전성이 확보되었을 때 브랜드, 검색, 만족, 기술력과 같은 신뢰의 형태들에 주의를 기울이고 이는 다시 사용 경험을 통하여 안전성을 강화하는 피드백 역할을 한다. 이 단계에서 구매자들은 내재적 신뢰에 의존하여 습관적인 구매행위를 하게 된다(Identification-based Trust 단계, Lewicki and Bunker 1996;윤성준 2000). 이상을 요약하면 [그림 3-7]과 같이 정리할 수 있다.

[그림 3-7] 온라인 맥락에서 신뢰 형성의 단계

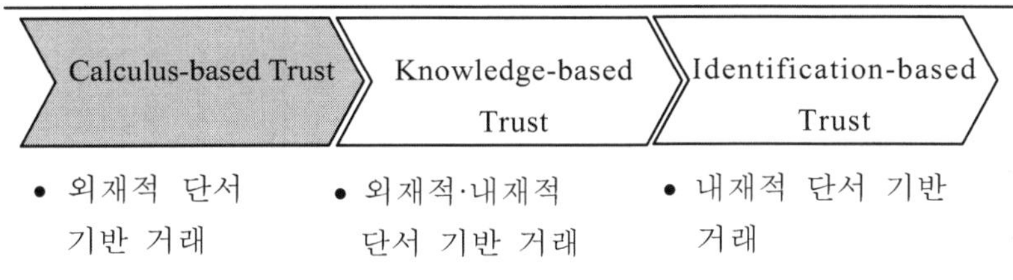


자료원: Cheskin Research(1999)를 토대로 정리

결국 기업이 신뢰를 구축하기 위해서는 거래당사자간의 관계 경험이 축적되어야 하나(Rousseau et al. 1998), 신뢰가 형성되지 않은 초기 단계에서의 "온라인 시장실패" 상황에서는 1차적 관계정립(Calculus-based Trust 구축)이 우선적인 과제가 될 수밖에 없다.

# 3. 온라인 환경에서의 신뢰 연구에 대한 비판적 정리

온라인 신뢰와 관련되어 지금까지 진행되어 온 선행연구는 <표 3-1>과 같이 정리될 수 있다.

<표 3-1> 온라인 신뢰에 관한 연구의 요약

| 연구자 | 연구 주제 | 연구 결과 |
|---|---|---|
| Jarvenpaa et al.(1999) | Trust in an internet store: cross-cultural validation | Trust different in early vs. late stage of e-commerce. |
| Cheskin Reearch(1999) | Elements of trustworthiness | 6 Building blocks of trustworthiness: Seals of approval, branding, fulfillment, navigation, presentation, technology |
| Hoffman et al.(1999) | How to improve online trust | Environmental control or consumer's ability to control the actions of a Web vendor directly affects perception of privacy. |
| Smith et al.(2000) | Indicators of online trust | Site longevity, selection of items, online community, links to and from other sites, search engine on the site and privacy are indicators of online trust. |

| 연구자 | 연구 주제 | 연구 결과 |
|---|---|---|
| Urban et al.(2000) | How to improve online trust | Provide virtual advisor, unbiased information, keep promises and offer reliable fulfillment. |
| Javenpaa et al.(2000) | Antecedents and consequences of trust in an Internet store | Perceived size and perceived reputation determined trust in an electronic store, which affected the attitude, risk perception, the willingness to buy. |
| Schneiderman(2000) | How to improve online trust | Past performance, references from past and current users, third-party certifications improve online trust. |
| Palmer et al.(2000) | How to improve online trust | Privacy statements and third-party involvement can improve trust. |
| Mathew et al.(2001) | How to enhance online trust | Credit card loss assurance, product warranty and merchandise return policies, availability of escrow service, and availability of user friendly interfaces. |
| Fogg at al.(2001) | Drivers of Website credibility | Real-world feel, ease of use, expertise, trustworthiness and tailoring are the most important factors affecting Web credibility, in that order. |
| Sultan et al.(2002) | Determinants and consequences of online trust | Web site and consumer characteristics drive trust which drives customer web behavior. Trust mediates the effects of web site on web behavior. |

| 연구자 | 연구 주제 | 연구 결과 |
|---|---|---|
| Shankar et al.(2002) | Role of trust in online customer support | Trust moderates the relationships between perceived information availability and problem resolution and between problem resolution and customer satisfaction. |

자료원: Shankar et al.(2002)에서 수정 인용

온라인 신뢰에 관하여 이루어진 이러한 다양한 연구는 오프라인 신뢰와는 차이가 있는 온라인 신뢰의 개념을 정립하고 연구의 기반을 정립하는 역할을 해 왔으나, "온라인 시장실패"의 복합적인 현상을 설명하고 해결책을 모색하는데 있어서는 몇 가지 제한점이 존재한다.

우선, 온라인 환경의 신뢰 연구의 방향성을 가름하는 현실에 대한 이해 측면에서 "온라인 시장실패"의 현상 인식, 분석, 해법 제시 등에 대한 설명이 부족하다. 온라인 환경에서 신뢰와 직간접적으로 관련된 소비자 정보 획득 방안 연구(Sheehan and Hoy 2000; Nowak and Phelps 1995; Bloom et al. 1994; Culnan, Mary. J. 1995; McKim, Robert 1999, 2001)와 거래 촉진 방안의 연구(윤성준 2000; 이문규와 최은정 2001; 김동원 2003) 등에서 시장에 엄존하는 선량한 일반기업과 한계기업의 질적 차이를 고려하지 않고 있어 선량한 일반기업이 한계기업의 디지털화 역기능 유발행위로 인해 안게 되는 더 큰 부담의 해결방안, 즉 "온라인 시장실패" 해결 방안 제시라는 목표를 충분히 달성하지 못하고 있는 것이 현실이다.

다음으로, 온라인 환경에서 신뢰를 요구하는 원인요인으로서

많이 지적되고 있는 "비대면 상황에서 발생하는 정보보안의 문제"(Hoffman et al. 1998)와 "거래과정의 불안정성에 대한 문제"(Urban et al. 2000) 등이 근본적으로 안고 있는 "정보비대칭성" 문제에 대한 직접적인 해결방안을 제시하지 못하고 있는 점도 문제점으로 지적될 수 있다.

끝으로, 온라인 환경에서의 신뢰 문제와 관련된 종래의 연구에서 제시하고 있는 기업의 규모(Javenpaa et al. 1999), 평판, 소비자와의 상호작용의 축적(Hoffman and Novak 1995; 김동원 2003) 등의 해결방안은 온라인 환경에서 기업과 소비자 사이의 1차적 관계형성을 전제하고 있는데, 사실상 1차적 관계형성 단계에서 거쳐야 하는 "정보비대칭성" 문제 해결에 대하여 시사점을 제시해주지 못함으로써 초기 진입자에 대한 시사점을 제시하지 못한다는 공통점이 있다. 심지어 Cheskin Research(1999)와 같이 초기 시용(Trial) 단계에서 나타나는 소비자의 혼란은 피하기 어려운 필연적인 과정으로 파악하고 있기도 하다.

이처럼 온라인 환경에서 신뢰 형성을 위해 필요한 다양한 방안에 대한 연구가 있어왔지만 정작 신뢰형성과정의 성공을 위한 선결과제이며 동시에 온라인 신뢰 연구의 원인제공요인이기도 한 "정보비대칭성" 문제의 효율적인 해결방안에 대한 연구는 아직 미진하므로 온라인 환경에서의 신뢰형성에 있어서의 단초(Building block) 구축 차원에서 "온라인 환경에서의 정보비대칭성 문제"에 대한 심도 있는 연구가 필요하다고 할 수 있다.

정리하자면, <표 3-1>에 요약된 선행연구와 같이 모든 기업에게 온라인 신뢰를 구축할 수 있는 평균적인 대안을 제시해주는 연구도 필요하지만, 한계기업에 비해 더 큰 부담을 안고 있는 선량한 일반기업이 "온라인 시장실패"의 문제를 극복할 수 있는 방향을 제시해 줄 수 있는 연구가 더욱 시급하다.

# 제4장 온라인 시장실패 문제의 발생

## 제1절 시장실패 문제의 이해

### 1. 시장실패의 개념

마케팅(marketing)이라는 용어는 시장(market)이라는 말에 영어의 동명사화 어미 "-ing"가 합쳐져 생겨난 말이다. 시장이란 기본적으로 교환의 장(場)이자 자본주의 경제체제가 근본적인 경제문제를 해결하는 가장 중요한 수단이다. 자본주의 경제체제가 근간으로 삼고있는 이러한 시장 혹은 시장기구(market mechanism)는 경제의 가장 기본적인 과제라고 볼 수 있는 효율적 자원배분, 소득과 부의 공평한 분배, 경제의 안정과 성장의 촉진이라는 3대 과제 중에서도 효율적 자원배분 측면에 있어서 특별한 강점을 가진 것으로 밝혀지고 있다. 그런데, 불완전경쟁, 공공재, 외부성, 불완전정보 상황 등 적지 않은 경우에 그 효율성이 제한된다는 사실이 잘 알려져 있다. 시장실패 혹은 시장의 실패(market failure)는 이와 같은 여러 상황에서 시장 혹은 시장기구가 자원을 효율적으로 배분하는데 실패하게 되는 현상을 통칭하는 말이다(이준구 1993).

이러한 시장실패 문제는 자원의 효율적 배분을 저해한다는 점에서 경제학의 논제가 되는 동시에 시장의 운영주체 중 하나인 기업의 성과 및 생존에 직결된다는 점에서 경영학의 논제가 된다. 특히 교환의 과정을 연구하는 마케팅 관리 분야와 관련성이 높다고 볼 수 있다.

## 2. 시장실패의 유형

시장실패의 유형은 발생원인에 따라 불완전경쟁의 문제, 공공재(public goods)의 문제, 외부성(externailities)의 문제, 불완전정보(incomplete information)의 문제 등 크게 네 가지 유형으로 나뉘며 각각의 유형별로 서로 다른 해법이 권장되고 있다(이준구 1993).

① 불완전경쟁의 문제

시장을 통해 개별적인 경제 주체에게 경제활동을 위임함으로써 결국 "보이지 않는 손"에 의해 효율적인 자원배분에 이를 수 있다는 경제학 이론의 최대가정 중 하나는 "완전경쟁의 가정"이다. 그런데 이러한 가정은 현실에서 찾아보기가 어렵다는 것이 잘 알려져 있다. 심지어 규모가 클수록 수익이 점점 커지는 규모수익체증(increasing returns to scale)에 따라 자연스럽게 독점화가 진행되기도 한다. 독점화의 문제가 존재하게 되면 시장의 자율적인 기능에 의해 효율적으로 자원을 배분하는 데 지장이 생긴다는 것은 잘 알려져 있다. 따라서 현실에 존재하는 대부분의 시장에서 정도의 차이가 있기는 하지만 시장실패 현상이 발생하고 있다고 볼 수 있다.

불완전경쟁의 문제를 해결하기위한 주요 해법으로는 정부에 의한 경쟁촉진적 시장관리 방안이 제시되고 있다. 현재 각국마다 경쟁촉진을 위한 시장관리기구를 중심으로 불완전경쟁의 문제를 완화하기 위한 노력이 이루어지고 있다.

② 공공재(public goods)의 문제

공공재(public goods)는 비경합성(non-rivalry)과 배제불가능성(non-excludability)을 특징으로 하는 재화 혹은 서비스를 지칭한다. 예를 들어 국방(國防)서비스를 살펴보면, 어떤 사람이 혜택을 받았다고 해서 다른 사람이 받을 수 있는 혜택이 줄어들지 않으며, 대가를 지불하지 않은 사람이라고 해서 그 혜택을 누릴 수 없게 막을 수 없다는 점에서 비경합성과 배제불가능성을 가지고 있다(이준구 1993). 공공재의 생산과 소비를 시장에 맡기면 바람직한 수준에 도달할 수 없다는 점은 잘 알려져 있다.

공공재의 문제를 해결하기 위한 주요 해법으로는 정부에 의한 강제적 관리 방안이 제시되고 있다. 예를 들어 국내에서도 국방서비스의 제공을 위해 정부에서 병역서비스를 강제적으로 부과하고 있다.

③ 외부성(externailities)의 문제

외부성(externailities)은 시장의 범위 밖에 존재하는 현상을 의미하는 용어인데, 주로 어떤 경제주체의 행동이 제3자에게 의도하지 않은 이득이나 손해를 끼치는데도 그 대가를 주고받지 않는 상황을 묘사하는데 사용된다. 개별 기업과 소비자에게 자율적으로 맡겨둘 경우에 외부성을 만들어내도 어떤 대가를 지불하거나 받지 않으므로 공해와 같은 해로운 외부성은 사회적인 최적 수준보다 많이 생기고 반대로 유익한 외부성은 더 적게 만들어지게 된다.

외부성의 문제를 해결하기 위한 주요 해법으로는 정부에 의한 강제적 관리 방안이 제시되고 있다. 환경오염을 예를 들어보면 각국에서는 가격통제의 일환인 오염부과금을 부과하거나 수량통제의 일환인 오염물량을 직접 통제하고 있다.

④ 불완전정보(incomplete information)의 문제

시장을 통해 개별적인 경제 주체들이 효율적인 자원배분상태에 도달하기 위해서 필요한 조건 중 하나에 "완전정보의 가정"이 있다. 시장에 참여하는 경제 주체가 상품의 품질상태 등 주요 정보를 완전하게 알고 있어야만 하는 완전정보의 가정은 현실에서 찾아보기가 어렵다는 것이 잘 알려져 있다. 오히려 기업과 소비자 등 경제 수체별로 비대칭적인 정보(asymmetric information)를 가지고 있는 경우가 적지 않다. 이와 같이 경제 주체별로 비대칭적인 정보만을 가지는 불완전정보 상황에서는 정보가 부족한 경제주체가 열등한 상대방과 거래할 가능성이 높아지는 역선택(adverse selection) 혹은 정보를 가진 경제주체가 정보가 부족한 경제주체에 해를 끼치는 도덕적 해이(moral hazard) 등과 같은 시장 기능의 왜곡 현상이 발생하게 된다.

불완전정보의 문제를 해결하기 위한 해법은 다른 시장실패 유형에 비해 다양하게 제시되고 있다. 전술한 불완전경쟁, 공공재, 외부성 문제의 해결에는 주로 정부 등 시장관리주체의 역할론이 부각되고 있는데 비해 불완전정보 문제로 인한 시장실패의 해결에는 정부 등 시장관리주체의 역할 외에도 기업과 소비자 등 시장내부주체의 역할론도 중시되고 있다. 대표적인 것이 역선택 문제를 해결하기 위한 신호전송(signaling)이나 도적적 해이 문제를 해결하기 위한 유인설계(incentive design) 등이다.

불완전정보의 문제는 두 가지 맥락에서 온라인 마케팅이 성공하기 위해 불완전경쟁, 공공재, 외부성 등 다른 유형의 시장실패 문제에 앞서 우선적으로 고려될 필요가 있다. 우선, 주체(subject) 측면에서 볼 때, 불완전정보 문제의 해결과정에 있어서 마케팅의 주체인 기업과 소비자의 역할이 다른 문제에 비

해 상대적으로 중요하다. 다음으로, 환경(context) 측면에서, 온라인 환경하에서 마케팅이 성공하기 위한 열쇠 중 하나인 신뢰(trust)의 구축과정에서 불완전정보의 문제의 해결이 가장 시급하게 요구되고 있다. 이하에서는 불완전정보의 문제를 중심으로 "온라인 시장실패" 문제를 살펴보기로 한다.


# 제2절 온라인 시장실패 문제의 이해

## 1. 온라인 시장실패의 개념

본 연구에서는 소비자의 정보비대칭성 문제로 인해 고품질 상품이 저품질 상품에 의해 시장에서 도태되는 역선택(Adverse selection)적 상황을 시장실패(Market Failure)로 규정한 정보경제학의 전통(Akerlof 1970)을 따라 "일부 개인 혹은 한계기업이 유발하는 디지털화의 역기능 사례로 인해 기업에 대한 신뢰(Trust)가 저하되고 위험지각(Perceived risk)이 높아진 소비자의 ① 기업에 대한 협조 감소와 ② 시용(Trial) 감소로 인한 정보비대칭성(Information asymmetry) 문제의 심화로 인해 선량한 일반기업이 한계기업에 비해 상대적으로 더 큰 피해를 받게 되는 역차별적 현상"을 "온라인 시장실패(Online Market Failure)"로 규정하기로 한다.

참고로, 여기서의 "일반기업(Company)"은 소비자 개인정보를 토대로 개별 마케팅(Personalized marketing)을 효과적으로 전개하여 소비자의 효용을 충족시킬 수 있는 역량(Competence)을 보유하고, 성실하게 정보보호 노력을 기울이는 것이 그 자신에

게 유리하므로 실제로 성실하게 정보보호에 노력할 의도를 가
지고 있는 기업을 의미하며, "한계기업(Competitor)"은 이와 같
은 일반기업의 능력과 성실성을 가지고 있지 못한 일종의 "퇴
출대상기업"을 의미한다.

본 연구의 "온라인 시장실패"는 일반적인 시장실패 개념과
두 가지 차원에서 대비된다. 우선 본 연구의 "온라인 시장실
패"는 온라인 환경에 국한된다. 다음으로 본 연구의 온라인 시
장실패는 불완전경쟁, 공공재, 외부성, 불완전정보 문제 등 주요
네 가지 시장실패의 유형 중에서 불완전정보 유형의 시장실패에
해당된다. 보다 엄밀히 살펴보면 본 연구의 "온라인 시장실패"
는 불완전정보 문제 중에서도 도덕적 해이(Moral Hazard)를 제외
한 역선택(Adverse Selection) 문제에 국한된다.

[그림 4-1] "온라인 시장실패"의 개념도

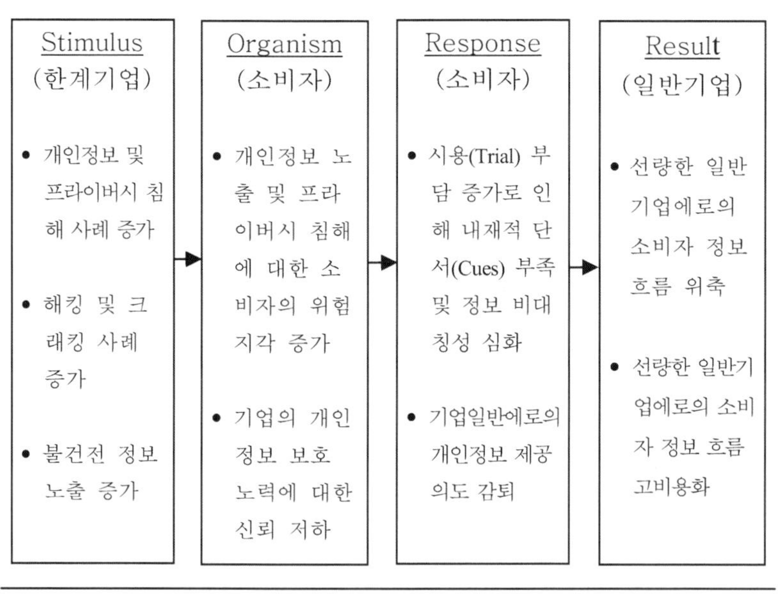

[그림 4-2] "온라인 시장실패"와 "시장실패"의 관계

|  | 오프라인 | 온라인 |
|---|---|---|
| 불완전경쟁 | 시장실패 |  |
| 공공재 | 시장실패 |  |
| 외부성 | 시장실패 |  |
| 불완전정보 | 시장실패 | 온라인 시장실패 |

## 2. 온라인 시장실패의 원인: 디지털화의 역기능 심화

### 1) 디지털화의 역기능 심화

디지털화의 역기능에는 다양한 요인들이 포함되는데, 김종범 (1996)은 사생활 침해 가능성의 증가, 정보기술을 이용한 범죄 증가, 정보지체(情報遲滯) 문제 악화, 디지털화에 대한 부적응 으로 초래되는 일명 테크노스트레스(Technostress) 등을 꼽고 있으며, 박병섭(1989)은 개인정보의 침해, 정보집중에 따른 정보격차의 확대, 사무자동화에 따른 실업 확대 가능성 증가, 인간의 소외와 윤리 의 상실, 컴퓨터 등 정보기술을 이용한 해킹 등의 범죄 증가, "정보공해론"의 우려 증가, "관리사회"의 우려 증가 등을 제시하 기도 하고 있다.

본 연구에서는 한국정보보호진흥원(2001)에서 제시한 바와

같이 디지털화의 역기능을 ① 개인정보 및 프라이버시 침해 증가 ② 바이러스 유포나 정보시스템 침입·절취·파괴로 지칭되는 해킹 및 크래킹 ③ 불건전정보의 유통 등으로 범주화하기로 한다. 디지털화의 진행에 따른 역기능은 빠른 속도로 증가하고 있는데, 구체적인 사례를 살펴보면 다음과 같다.

정보통신부 국회제출자료(2003)에 의하면 2001년부터 개인정보 침해 신고건수는 매년 3배 이상씩 증가하는 등 증가일로에 있어 현실적인 사회적 문제로 부각되고 있다. 또한 한국정보보호진흥원(2001)에 의하면 스팸메일의 경우 일주일에 50개 이상을 받는 수신자가 2000년 8.5%에서 2001년 23%로 2.6배 이상 급증하고 있다.

<표 4-1> 주당 스팸메일 50개 이상 수신자 비율

| 1999년 | 2000년 | 2001년 |
| --- | --- | --- |
| 3.1% | 8.5% | 22.9% |

자료원: 한국정보보호진흥원(2001)

특히 소비자들은 개인정보 및 프라이버시 침해 문제를 가장 심가한 디지털화의 역기능으로 지각하고 있는 것으로 나타나고 있다(한국정보보호진흥원 2001).

<표 4-2> 우선 해결 대상 디지털화의 역기능 현상(소비자 응답)

| 구 분 | 2000년 | | 2001년 | |
|---|---|---|---|---|
| | 사례수 | 비율 | 사례수 | 비율 |
| 개인정보 및 프라이버시 침해 | 2,006 | 54.8 | 1,512 | 75.6 |
| 컴퓨터 바이러스 및 해킹 | 131 | 3.6 | 239 | 12.0 |
| 불건전 정보 유통 | 199 | 5.4 | 81 | 4.1 |
| 스팸메일 | 62 | 1.7 | 71 | 3.6 |
| 인간소외 및 정보격차 | 546 | 14.9 | 56 | 2.8 |
| 소프트웨어 불법복제 | 186 | 5.1 | 41 | 2.1 |
| 기타 | 27 | 0.7 | 0 | 0 |
| 전 체 | 3,663 | 100 | 2,000 | 100 |

자료원: 한국정보보호진흥원(2001)

## 2) 온라인 환경에서의 소비자 위험지각 증가

정보중간상의 정보중개 서비스 등을 포함하는 서비스는 구매결정 시점에 탐색 가능한 내재적 속성을 확인하기 어려워 실제로 이용해보기 전에는 품질을 알아내기가 매우 어려운 대표적인 경험재(Experience goods)에 속한다(Nelson 1970).

공급자에 비해 정보가 부족한 비대칭적 정보 상황에서 거래에 응할 것인지를 결정해야 하는 소비자가 어떻게 행동하는지를 예측하고, 소비자가 해결하고자 하는 불확실성의 부담을 공급자 자신이 가진 우월한 정보에 입각해서 어떻게 줄여줄 것인가의 문제는 소비자를 유인해야 하는 공급자에게 중요한 과제가 될 수 있다.

특히 상품 및 서비스의 시용(Trial) 부담 증가로 인해 내재적 단서(Cues) 부족 및 정보비대칭성 악화의 문제가 생기는 "온라인 시장실패" 상황에서는 외재적 단서(Cues)를 적절히 활용하는 것이 중요해진다(Zeithaml 1988).

소비자들은 인터넷 쇼핑 시 오프라인보다 높은 수준의 위험을 지각하고 이러한 위험지각이 인터넷을 통한 구매를 저해하는 요인으로 주목 받고 있다(Pallab 1996). 구매에 따른 소비자들의 지각된 위험에 대해서는 소비자행동 분야에서 1960년대부터 많은 연구가 진행되어 왔다(Jacoby and Kaplan 1972).

소비자행동 분야에 위험지각(Perceived risk)이라는 개념을 처음 소개한 사람은 Bauer(1960)이다. Bauer에 의하면 위험지각이란 객관적 확률적인 위험과는 구별되는 것으로 소비자의 선택 상황에서 주관적으로 지각하는 위험이라고 한다. Bauer 이후에도 많은 학자들이 소비자의 위험지각에 대하여 정의를 내렸는데 대체적으로 위험지각은 구매결과에 대한 불확실성에서 기인되는 것으로서, 이러한 결과로 생기는 손실의 기대치로 간주될 수 있다(Cunningham 1967; Peter and Ryan 1976). 결국 위험지각은 손실에 대한 기대치 혹은 기대 손실(Expected loss)로 볼 수 있으며, 손실이 발생할 확률(불확실성)과 그 손실의 중요성의 함수로 이해할 수 있다(Peter and Ryan 1976).

위험지각의 유형은 몇 가지로 나뉠 수 있는데, Jacoby and Kaplan(1972)은 금전적 위험, 성능적 위험, 신체적 위험, 심리적 위험, 사회적 위험 등으로 분류하였으며, Peter and Ryan(1976)은 이외에도 시간(편의성)적 위험을 추가하였다.

그런데 디지털경제의 진전과 각종 역기능으로 인한 소비자의 불안이 증가했음에도 불구하고 이러한 위험지각 연구의 틀이 온라인 환경에 적용되기 시작한 것은 최근의 일이며, 대부분 인터넷 쇼핑몰을 중심으로 연구가 이루어지고 있다(이문규와 최은정 2001; Jarvenpaa and Todd 1997).

온라인 환경과 관련된 위험지각 연구에서 나타나는 두드러진 특징 중 하나는 소비자 개인정보와 관련된 사생활 위험의 등장이다. Jarvenpaa and Todd(1997)는 개인정보와 관련된 "사생활 위험(Privacy risk)"을 인터넷 구매 상황에서의 중요 위험 유형으로 제안하였다. 박유식과 한명희(2001)의 연구에서도 인터넷 쇼핑몰 이용시의 위험지각의 측정 항목으로 "개인정보 유출에 대한 우려"를 포함하고 있다. 또한, Zeithaml(2002)은 온라인 서비스 연구 시 "사생활 보호 여부"가 주요 차원으로 고려되어야 한다고 지적하고 있다.

## 3) 소비자의 개인정보제공 의사 감퇴

고객정보 관리소홀 등으로 인한 문제가 빈발하면서 고객정보가 가지는 가치와 누출시의 잠재적인 위험에 대한 소비자의 자각 수준이 급속하게 높아지는 추세에 있어 소비자 정보의 수집은 갈수록 어려워지고 있다. 1995년부터 2002년까지 Privacy & American Business가 중심이 되어 미국에서 수행한 설문조사에 따르면 1999년까지 소비자 정보와 관련된 기업의 활동에 의한 사생활 침해와 관련하여 무관심층과 관심층의 분포가 안정된 추세를 보이다가, 1999년 이후부터 급속하게 무관심층이 줄어들면서 개인정보 제공에 거부감을 가지는 응답자층(Fundamentalists)이 증가하는 패턴이 발견되고 있다(Whiting 2002).

[그림 4-3] 미국 소비자의 개인정보 침해 위험 관련 태도 조사 결과

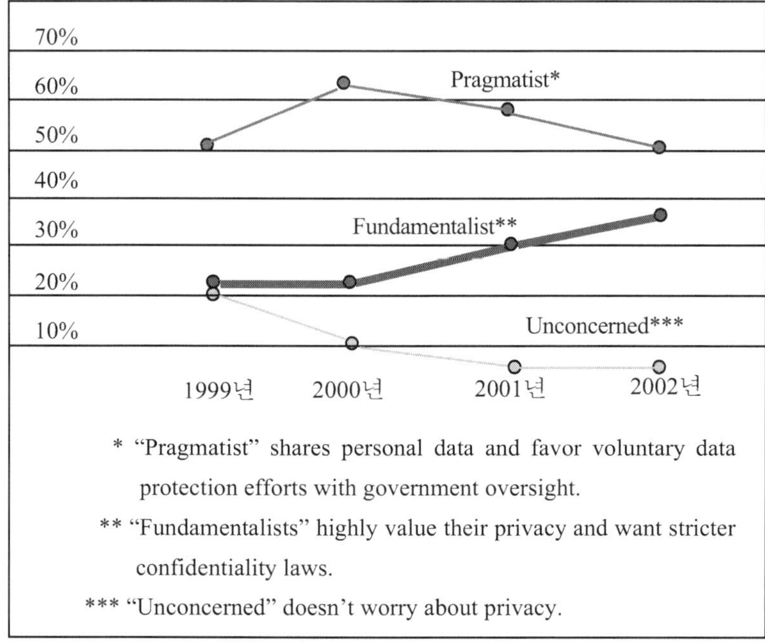


자료원: Whiting(2002)에서 인용

Hoffman et al.(1999)이 실시한 소비자 설문조사에 따르면 미국 내 14,000여명의 응답자 중 95% 정도가 인터넷 사이트에 대한 개인정보 제공을 적어도 한 번 이상 거부하였다고 한다. 국내의 인터넷 이용자를 대상으로 실시한 소비자보호원의 조사에서도 응답자의 87%가 각종 인터넷 사이트가 회원가입 시 요구하는 개인정보의 양이 과다하다고 응답하였다(소비자보호원 2000).

본 연구에 앞서 온라인 서베이를 통해 실시한 사전조사에서도 응답자의 71%가 인터넷 사이트의 개인정보 요구로 인한 개인정보 침해 우려 때문에 회원가입을 포기한 경험이 있는 것으로 나타나고 있으며, 개인정보 제공을 포기해본 경험이

있다고 응답한 71%의 응답자(92명)와 없다고 응답한 29%의 응답자(37명) 간에는 개인정보 침해 우려 수준이 유의하게 차이가 나는 것으로 나타나고 있다.

<표 4-3> "개인정보침해 우려" 수준과 "회원가입 포기"의
관계(ANOVA Table)

|  | Sum of squares | d.f | Mean squares | F | Sig. |
|---|---|---|---|---|---|
| Between groups | 27.184 | 1 | 27.184 | 22.562 | 0.000 |
| Within groups | 153.017 | 127 | 1.205 |  |  |
| Total | 180.202 | 128 |  |  |  |

## 3. 온라인 시장실패 문제의 중요성

"온라인 시장실패" 문제는 디지털화의 역기능(1차적 역기능)에 대한 소비자의 반작용이 촉진시킨다는 점에서 2차적인 역기능으로서의 성격을 가진다. "온라인 시장실패" 문제가 야기하는 폐해는 선량한 일반기업만이 아니고 소비자에게도 미치게 된다.

[그림 4-4] "온라인 시장실패" 문제의 순환적 특성

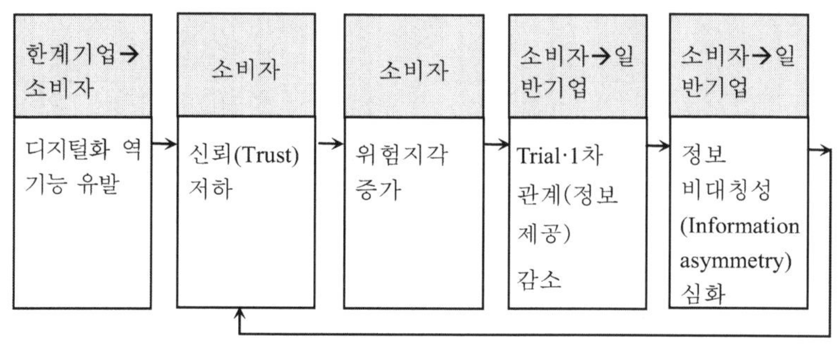

우선 기업의 입장에서 볼 때 "온라인 시장실패"는 디지털화의 이점을 반감시켜 기업의 생산성을 저하시키는 문제에 직면할 수 있다. 거래비용을 낮추고, 소비자별 맞춤 상품구현 비용이 절감된다(Grover and Ramenlal 1999)는 디지털화의 순기능은 "온라인 시장실패"에 의해 약화될 수밖에 없다. 특히 정보 제공 등의 소비자 협조가 감소할 경우 디지털 시대 마케팅의 정수인 상호작용적 일대일 마케팅이 위축될 수밖에 없어 연결이익(Relationship merit, 임종원 외 1997)을 포함한 기업의 성과 위축도 불가피하게 된다.

소비자의 경우에도 능력과 성실성을 보유한 일반기업의 상품과 서비스를 구매하여 얻을 수 있는 효용을 "온라인 시장실패" 문제로 인해 침식당할 수 있다. 이는 디지털화의 역기능이 초래하는 일차적인 개인정보 침해 위험 증가로 인해 겪는 부담 이외의 이차적인 손실이라는 점에서 추가적인 부담 요인이 된다.

[그림 4-5] "온라인 시장실패" 문제의 파급효과

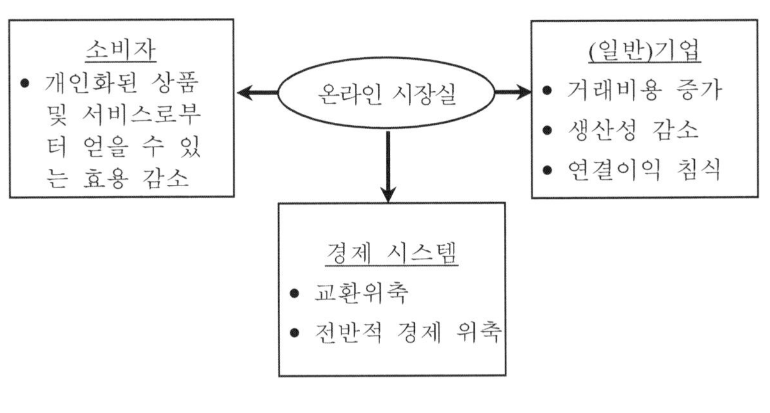

다음으로, "온라인 시장실패" 문제가 적절히 관리되지 못할 경우에는 우수하고 성실한 기업이 오히려 "온라인 시장실패"의 부담을 떠안게 되어 점점 더 불리해지는 역선택(逆選擇)의 악순환에 의해 악화(惡貨)가 양화(養貨)를 구축하는 식의 본격적인 "시장 실패"(Akerlof 1970) 상황이 초래될 수도 있다는 점을 지적할 수 있는데, 이러한 가능성은 마케팅 관리의 차원을 넘어 경제시스템 면에서도 심각한 잠재적 위험이 될 수 있다.

특히, 소비자들이 디지털화가 진전될수록 디지털화의 역기능의 피해 또한 증가하는 것으로 인식하고 있다(설문응답자의 74%가 "디지털화가 진전될수록 디지털화 역기능 피해가 크게 증가한다"고 응답함, 한국정보보호진흥원 2001)는 사실은 "온라인 시장실패" 문제도 디지털화의 진전과 더불어 더욱 심각한 문제가 될 수 있다는 가능성을 확인시키는 징후 중 하나로 볼 수 있다.

## 4. 온라인 시장실패 연구에 대한 비판적 정리

"온라인 시장실패" 문제와 관련된 기존의 연구는 크게 세 가지 접근법으로 구분된다. 하나는 소비자 정보의 악용을 부추기는 환경 요인을 차단해가는 정책 대안 제시에 초점을 두는 "제도적 접근"이고, 다른 하나는 기술적인 해법을 모색하는 "기술적 접근", 나머지 하나는 기업행위 차원의 대안을 연구하는 "미시적 접근"으로 구분할 수 있는데, 현실적으로 볼 때 규제의 강도가 계속 수위를 높여가고 있으며 기술적으로 다양한 대안을 모색하고 있음에도 불구하고 소비자의 우려는 줄어들지 않고 있는 것으로 나타나고 있으며(Whting 2002), 기업들의 악용 사례도 줄어들지 않는 것으로 나타나고 있다(U.S.A. Today 2003)는 점을 고려하여 본 연구에서는 미시적 접근으로 논의를 진행하기로 하겠다.

"온라인 시장실패"에 대한 기존의 연구는 소비자 위험지각에 영향을 미치는 요인의 규명(Nowak and Phelphs 1992; Culnan 1993, 1999; Miyazaki and Fernandez 2000), 소비자 위험지각을 자극하지 않는 마케팅 방안의 발굴(Culnan 1995; Nowak and Phelphs 1995; McKim 2001), 소비자 신뢰에 영향을 미치는 영향 요인의 규명(Shankar et al. 2002), 소비자 신뢰 구축 방안의 발굴(Brynjolfsson and Smith 2000; Kollock 1999) 등 다양한 형태로 이루어져 왔으나, 대부분 온라인 환경의 외생적(外生的) 특성을 고려하여 마케팅 대안을 모색하는 식의 단편적인 연구에 치중하고 있어 온라인 시장실패 발생 과정의 복합적인 내생적(內生的) 상호작용을 설명하기 어렵다는 제한점을 가진다.

"온라인 시장실패"의 핵심적인 내생변수(內生變數)인 소비자 정보비대칭성(Information asymmetry)에 대한 기존 연구의 경우, 개인정보와 사생활 침해 등의 사례가 노출되면서 기업의 고객 정보보호 노력과 관련된 도덕적 해이(Moral Hazard) 가능성에 대한 의구심과 불신이 증폭되고 있다는 문제제기(Hagel and Singer 1997; Valente, K. 2002; Whiting 2002)에도 불구하고 Brynjofsson and Smith(2000) 등에서와 같이 "원격비동기거래" 등으로 인해 온라인 환경이 태생적으로 내포하는 속성의 하나로 정보비대칭성 문제를 간주하고 이에 대한 해법을 모색하는데 그치고 있는 실정이다.

기존 연구는 경쟁적 요소를 고려하지 않는 "(표준)기업(Company) −소비자(Consumer)" 틀로 온라인 환경에서의 소비자 신뢰, 위험지각, 정보비대칭성을 분석함으로써 선량한 일반기업이 한계기업에 비해 더 큰 피해를 보는 "온라인 시장실패"의 역차별적 문제를 규명하고 그 해법을 모색하는 데는 제약을 받고 있는 것이 공통적인 제한점이다.

# 제5장 온라인 시장실패 해소를 위한 신호전송

## 제1절 신호전송(信號傳送)에 대한 이해

### 1. 신호전송의 정의

#### 1) 정보비대칭성(Information Asymmetry)의 이해

정보(情報)는 사람들이 갖기를 원하지만 희소하다는 의미에서 여느 상품과 다를 바 없는 하나의 경제적 자원일 뿐 아니라, 현실적으로 대부분의 거래 상황에서 거래와 관련된 정보가 거래 당사자간에 불균등하게 존재하는 상황, 즉 정보가 비대칭적으로 분포되어 있는 경우가 대부분이다(Akerlof 1970; 이준구 1993). 이러한 비대칭적 정보(Asymmetric information)의 상황은 구체적으로 다음과 같은 두 가지 형태로 나타난다.

첫째, 비대칭적 정보의 상황은 감추어진 특성(Hidden characteristics)의 형태로 우리에게 나타날 수 있다. 예를 들면, 중고차를 사고자 하는 사람은 중고차 시장에 나와있는 차를 보는 것만으로는 그 차가 괜찮은지 아닌지를 알지 못한다. 즉, 차의 실질적인 상태가 감추어진 특성이 된다. 반면, 그 중고차의 판매자는 차를 그 동안 써보았으므로 그 차가 어떤 상태인지에 대한 정보를 가지고 있기 때문에 비대칭적인 정보의 상황이 존재한다(Akerlof

1970; 이준구 1993). 이와 마찬가지로 정보중간상의 서비스를 이용하기 위해 개인정보를 제공할지 안 할지 여부를 결정해야 하는 소비자에게 해당 정보중간상의 역량 및 서비스 품질은 감추어진 특성이 된다.

둘째, 감추어진 행동(Hidden action)의 형태로 비대칭적인 정보의 상황이 나타나기도 한다. 예를 들어, 고용인은 피고용인이 직무시간에 정말로 열심히 일을 하는지 그렇지 않은지를 판단하기 힘들다. 즉, 항상 감시하면서 업무성과를 점검하지 않는 한 그의 노력 정도를 파악하기 어렵다. 따라서, 피고용인의 노력 정도는 고용인에게 감추어진 행동이 된다(이준구 1993). 이와 마찬가지로 소비자의 개인정보를 수집한 정보중간상이 정관 등 약속에 따라 정보보호를 위해 성실하게 노력할지 안 할지 여부는 소비자에게 감추어진 행동이 된다.

대부분의 교환거래에서 소비자는 공급자에 비해 제품 및 서비스의 품질에 대한 정보가 절대적으로 부족하다. 이렇게 공급자와 소비자간에 존재하는 정보의 비대칭성은 "시장실패(Market failure)"를 야기할 수 있기 때문에(Akerlof 1970), 이를 막기 위한 기제(機制)가 필요하다.

"온라인 시장실패" 현상은 결과적으로 소비자의 정보비대칭성을 악화시킴으로써 상대적으로 한계기업보다 선량한 일반기업이 더 큰 타격을 받는 "시장실패"를 초래하게 되므로(Akerlof 1970) 이를 막기 위한 기제(機制)의 발굴이 시급하다.

### 2) 신호전송(信號傳送, Signaling)의 정의

Nelson(1970)은 정보비대칭성 문제에 기인하는 "시장실패(Market Failure)"를 막기 위한 기제(Mechanism)의 하나로 브랜드를 제시했고, Nelson의 연구를 기초로 한 경제학적 모형에서 브랜드 혹은 브랜드와 결부된 가격, 광고, 보증 등 다양한 기업의 행위가 제품 품질을 신호하는 기능을 담당할 수 있음을 밝혔다(Klein and Leffler 1981; Kihlstrom and Riordan 1984; Milgrom and Roberts 1986).

일반적으로 거래에 있어서 거래와 직·간접적으로 관련된 정보를 균등하게 가지기보다는 비대칭적으로 가지고 거래에 임하는 경우가 많다. 이 경우 정보를 가지고 있는 쪽이 해당 정보(Private information, 사적 정보)를 가지고 있지 못한 쪽에 이를 전달하기 위해서 취하는 행위(Action; Announcement)를 "신호(Signal)"라고 하며, 정보를 가진 편이 가지지 못한 편에 신호를 보내는 과정을 "신호전송(Signaling)"이라고 한다(Tirole 1988; Fudenberg and Tirole 1992; 신성휘 2003).

신호전송은 사적 정보를 가진 경기자가 먼저 특정 행위를 취함으로써 이 행위를 통해 상대방에게 자신의 유형(Type)을 알리는 식으로 진행되는데, 이와 같이 신호전송의 기제(Mechanism)를 규명하는 게임을 "신호전송게임(Signaling game)"이라고 한다(Tirole 1988; Fudenberg and Tirole 1992; 한동근 1997).

## 2. 신호전송의 기능

"신호(Signal)"는 한계기업이 소비자를 속이려는 시도를 하는 상황인데도 소비자는 선량한 일반기업과 한계기업을 구별할 수 있는 내재적 단서(Intrinsic cues)를 가지고 있지 못한 소비자의 정보비대칭성 상황에서의 선별문제(Classification problem)를 풀 수 있도록 하는 열쇠의 역할을 한다(Boulding and Kirmani 1993).

이와 같은 맥락에서 신호전송은 "시장실패 해소"를 핵심기능으로 한다고 볼 수 있으며, 이는 [그림 5-1]과 같이 요약될 수 있다(Kirmani and Rao 2000).

[그림 5-1] 정보비대칭성에 의한 시장실패 해결 방향

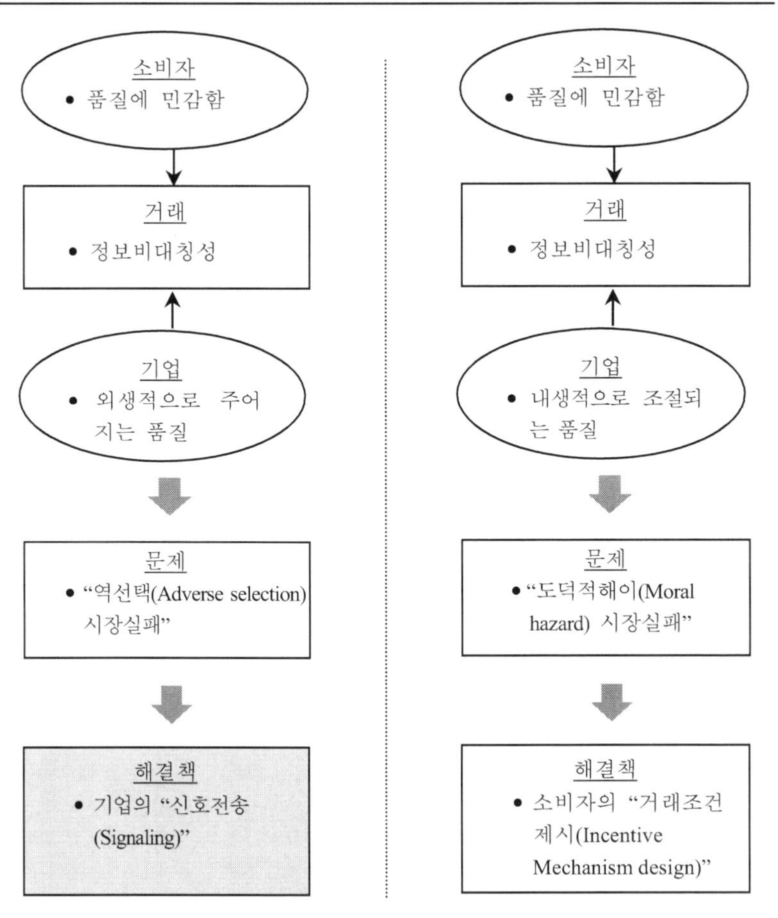


자료원: Kirmani and Rao(2000)에서 수정 인용

## 3. 신호전송의 과정에 대한 게임이론적 이해

신호전송게임은 서비스 역량 등 자신의 유형(Type)에 대해 상대가 알지 못하는 사적 정보(Private information)를 가지고 있는 신호발신자와 이런 정보를 가지지 못한 신호수신자 사이에 다음의 순서로 진행되는 게임을 말한다(Tirole 1988; Fudenberg and Tirole 1992; Gibbons 1992; 한동근 1993).

① 자연(Nature)이 신호발신자의 유형을 선택해서 신호발신자에게 알려준다(Harsanyi 1967). 신호수신자는 발신자의 유형이 자연에 의해 할당되는 사전적 확률분포(Prior probability)만 알고 있을 뿐 구체적으로 어떤 유형이 선택되었는지 알 수 없다.

② 신호발신자는 자신의 유형이 주어지면 어떤 신호를 보낼 것인지 선택한다.

③ 신호수신자는 신호를 관찰하고 자신이 가지고 있었던 신호발신자의 유형에 관한 사전적 믿음(사전적 확률분포)을 새롭게 조정(Update)한다.

④ 신호수신자는 새롭게 조정된 신호발신자의 유형에 대한 믿음(Posterior belief)에 근거하여 최선의 전략 대안을 선택한다.

이와 같은 구조를 가진 신호전송게임에서 어떠한 전략과 믿음이 완전베이즈균형(Perfect Bayesian Equilibrium)이 되려면 다음의 요건을 만족하여야 한다(Tirole 1988; Fudenberg and Tirole 1992; Gibbons 1992; 한동근 1993).

① 신호수신자는 신호발신자의 신호를 관찰한 후 신호발신자가 어떤 유형의 경기자이기에 그런 신호를 보냈는지에 대한 믿음(발신자의 유형에 대한 확률분포)을 가져야 한다.

② 신호수신자는 위에서 형성한 믿음을 근거로 자신에게 최대의 기대보수(Expected payoff)를 주는 대안을 선택해야 한다.

③ 신호수신자의 ①과 ②의 행태를 미리 계산에 넣는 신호발신자는 애초에 자신의 보수(Payoff)를 최대화할 수 있는 신호를 선택한다. 이때 신호는 자연이 할당할 수 있는 신호발신자의 모든 유형에 대한 신호발신자의 행동계획(A set of action plan)을 말한다.

④ 신호수신자가 형성한 믿음은 신호발신자의 전략(각 유형에 대응하여 선택된 신호)에 비추어 타당한 것이어야 한다.

<표 5-1> 신호(信號)의 종류와 특징

| | "약속 불이행" 무관 信號 | | "약속 불이행" 유관 信號 | |
| --- | --- | --- | --- | --- |
| | 판매 무관 | 판매 유관 | 수익 관련 | 비용 관련 |
| 信號의 예 | 광고<br>브랜드명 | 낮은 도입가<br>유통보조금 | 고가격<br>브랜드 | 보증<br>환불보장 |
| 특징 | 판매 이전에 공공연한 비용 지출 | 판매 기간 중 자체 비용 발생 | 미래수익을 볼모로 제공 | 미래비용 위험 감수 |
| 반복구매 | 중요 | 중요 | 중요 | 무관 |
| 재무적 손실 | 고정적 | 변동적 | 미래에 발생 | 미래에 발생 |
| 이차적 혜택 | 소비자가 받는 직접 혜택은 없음 | 소비자가 직접 혜택을 받음 | 소비자가 받는 직접 혜택은 없음 | 소비자가 직접 혜택을 받음 |
| 적합한 상황 | 소비자를 식별하기 곤란한 상황 | 소비자를 식별하기 용이한 상황 | 소모성 상품 | 내구재 |
| 소비자의 남용 가능성 | 없음 | 높음 | 없음 | 높음 |

자료원: Kirmani and Rao(2000)에서 수정 인용

## 4. 신호전송의 조건

신호전송이 성공적으로 이루어져 소비자가 기업의 신호를 보고 선량한 일반기업인지 알아낼 수 있으려면 신호전송게임의 해(解)로 "분리균형(Separating equilibrium)"이 존재해야 한다(Boulding and Kirmani 1993). 만일 한계기업이 선량한 일반기업의 전략을 모방하는 공동균형(Pooling equilibrium)이 신호전송게임의 균형에서 달성될 경우에는 소비자가 선량한 일반기업을 선별해낼 수 없게 되므로 "소비자가 직면한 정보비대칭성을 해소하여 역선택(Adverse selection)에 의한 시장실패를 해결한다"는 신호전송 본래의 목적을 달성할 수 없게 되는 것이다.

신호전송게임의 해로 분리균형이 달성되기 위해서는 다음의 두 가지 조건이 충족되어야 한다(Kirmani and Rao 2000).

<표 5-2> 신호전송게임의 보수(Payoff)

| 구분 | 신호전송 | 신호전송 포기 |
|---|---|---|
| 선량한 일반기업의 보수 | A | B |
| 한계기업의 보수 | C | D |

자료: Kirmani and Rao(2000)에서 인용

① 선량한 일반기업은 신호전송시의 보수가 신호전송을 하지 않는 경우의 보수보다 더 커야 한다(A>B). 이를 다른 말로 "개인합리성 조건(Individual Rationality 조건, IR 조건)"이라고 부른다(Tirole 1988).

② 한계기업은 신호전송시의 보수가 신호전송을 포기하는 경우보다 더 작아야 한다(C<D). 이를 다른 말로 "유인양립조건

(Incentive Compatibility, IC 조건)"이라고 부른다(Tirole 1988).

## 5. 신호전송에 대한 연구의 흐름

신호전송에 대한 연구는 미시경제학 분야의 게임이론에 기반을 둔 이론적 연구를 중심으로 이루어져 왔으며, 최근 이론적 연구의 결과에 대한 실증적 연구가 이어지고 있는 실정이다. 신호전송이론은 거래당사자간에 정보비대칭성이 존재하는 상황에 대한 정보경제학적 연구에서 유래된 일련의 이론 중 하나이다(Spence 1974; Boulding and Kirmani 1993).

마케팅과 직간접적으로 관련된 신호전송(信號傳送)의 이론적 연구는 다양하게 이루어지고 있는데, 대체적으로 누가(누구에게), 어떤 정보를, 어떤 수단을 통하여 신호전송(信號傳送)을 하는지에 따라 분류될 수 있다. Spence(1973) 등 초기의 일부 문헌을 제외하고는 대부분 정보를 많이 가진 기업이 신호(Signal)를 발신하는 주체로 등장하며, 신호를 수신하는 객체로는 소비자(Milgrom and Roberts 1986) 혹은 유통업체(Chu 1992)로 대별된다. 전송되는 정보로는 가장 많이 언급되는 것이 제품의 품질(Milgrom and Roberts 1986), 수요(Chu 1992), 역량(생산성)(Spence 1973) 등이 있다. 그 동안의 문헌에서 중요하게 취급되어 온 신호전송(信號傳送)의 수단으로는 가격을 기본으로 광고(Kihlstrom and Riordan 1984), 유통업체의 명성(Chu and Chu 1994), 인력의 교육 수준(Spence 1973), 보증(Lutz and Padmanabhan 1995) 등을 꼽을 수 있다.

<표 5-3> 마케팅 관련 신호전송 이론 연구

| 분류기준 | 구분 | 연구자 |
|---|---|---|
| 신호송수신 주체(Who) | 기업→소비자 | Milgrom and Robert(1986) |
|  | 제조업체→유통업체 | Chu(1992) |
|  | 구직자→구인업체 | Spence(1973) |
| 신호내용 (What) | 제품 품질 | Milgrom and Robert(1986) |
|  | 수요 | Chu(1992) |
|  | 역량(생산성) | Spence(1973) |
| 신호전송수단 (How) | 광고 | Milgrom and Robert(1986) |
|  | 가격 | Khilsrom and Riordan(1984) |
|  | 브랜드 | Wernerfelt(1988) |
|  | 유통업체 브랜드 | Chu and Chu(1994) |
|  | 보증 | Lutz and Padmanabhan(1995) |
|  | 환불보장 | Moorthy and Srinivasan(1995) |

신호전송과 관련된 실증 연구는 선행적인 이론적 연구의 검증에 초점을 맞추어 진행되고 있으며 <표 5-4>와 같이 정리될 수 있다.

<표 5-4> 마케팅 관련 신호전송 실증 연구

| 연구자 | 신호 | 연구방법 | 결과 |
|---|---|---|---|
| Rotfeld and Rotzoll (1976) | 광고 | 2차자료 활용 | 광고-품질평가 상관관계 존재 |
| Archibald at al. (1983) | 광고 | 2차자료 활용 | 광고-구매 후 평가 상관관계 존재 |
| Kirmani and Wright (1989) | 광고 | 복수 실험 | 광고-품질지각 상관관계 존재 |
| Mizno and Odagiri (1989) | 광고 | 컴퓨터 시뮬레이션 | 소비자 학습효과 존재 시 광고-품질 상관관계 존재 |
| Kirmani(1990) | 광고 | 실험 | 광고빈도-품질지각 간 역-U 관계 존재 |

| 연구자 | 신호 | 연구방법 | 결과 |
|---|---|---|---|
| Kirmani(1997) | 광고 | 실험 | 컬러광고빈도-품질지각 간 역-U 관계 존재(흑백 예외) |
| Erdem and Swait (1998) | 브랜드 | 설문 LISREL 분석 | 브랜드의 일관성, 명확성이 신호의 신빙성과 상관관계 |
| Wiener(1985) | 보증 | 2차자료 활용 | 보증-신뢰성지각 상관관계 발견 |
| Kelly(1988) | 보증 | 2차자료 활용 | 보증-품질 상관관계 발견 |
| Boulding and Kirmani (1993) | 보증 | 실험 | 보증-품질 상관관계 발견(보증 확실시) |
| Gerstner(1985) | 고가격 | 2차자료 활용 | 제품 유형별로 가격-품질 관계 변화 |
| Tellis and Wernerfelt (1987) | 고가격 | 기존문헌 연구 (Meta-analysis) | 내구재에서 가격-품질 상관관계·발견 |
| Dawer and Savary (1997) | 낮은 도입가 | 실험 | 구매의도는 이론 지지(품질 평가는 이론 지지 못함) |

자료원: Kirmani and Rao(2000)에서 수정 인용

# 제2절   온라인 환경에서의 신호전송에 대한 고찰

## 1.  온라인 환경에서의 신호전송에 대한 기존연구 검토

### 1) 온라인 환경에서의 신호전송 관련 연구 검토

윤성준(2000)의 연구에서는 환불정책, 기업의 인지도, 기업의 평판, 사이트의 기술성, 문자/이미지 전환의 신속성 등의 요인이 쇼핑몰 사이트의 신뢰도에 유의한 영향을 미친다는 결과를 제시하였다.

박유식과 한명희(2001)의 연구에서는 인터넷 쇼핑몰의 거래안전을 보장하여 신뢰도를 높이는 방안으로 환불 및 교환, 보증 등을 제시하고 있다는 사실을 규명하였는데, 이는 Nelson(2000)이 인터넷 사이트가 외부의 인증을 획득함으로써 소비자의 위험지각을 낮추고 신뢰를 얻게 되는 과정을 제시한 것과 같은 맥락의 연구로 이해할 수 있다.

Cheskin Research(1999), Nelson(2000), Urban et al.(2000) 등의 연구에서는 온라인 환경에서 기업이 VeriSign 등과 같은 외부기관의 인증을 획득하여 소비자의 위험지각을 낮추고 정보보안 측면에서의 신뢰를 얻을 수 있게 된다는 결과를 제시하였는데, 이처럼 외부기관의 인증에 관한 연구의 흐름은 온라인 환경에서의 신뢰 형성과 관련되어 가장 많이 연구되고 있는 분야 중 하나라고 볼 수 있다.

김동원(2003)의 연구에서는 기업의 평판(Reputation)이 오프라인에서와 마찬가지로 온라인 환경에서도 기업에 대한 불신을 줄여줌으로써 결과적으로 전체적인 신뢰 수준을 높여줄 수 있다는 사실을 실증을 통해 확인하였다.

온라인 환경에서 신뢰에 대한 신호전송과 직간접적으로 관련되어 지금까지 진행된 연구는 모두 실증연구를 중심으로 이루어져 왔는데, 신호전송의 과정에 대한 연구가 가능한 이론연구가 뒷받침되지 않고 있어 신뢰의 원인변수가 소비자의 신뢰에 작용하는 과정(Mechanism)에 대해서는 잘 알려지지 않은 상태(Black box)로 남아있는 것이 사실이다.

## 2) 온라인 환경에서 기존 신호전송수단 이용가능성에 대한 검토

고가격 혹은 낮은 도입가격 등 가격(Price)을 통한 신호는 온라인 서비스 유료화가 정착된 이후에야 비로소 적용가능해질 수 있다는 점에서 온라인 환경에서의 활용과 관련해서는 유료화 이전에는 사용할 수 없다는 한계가 있다.

광고(Advertising)의 경우에는 종래와 같은 대중매체광고는 소비자에 대한 1:1 커뮤니케이션이 가능해진 온라인 환경에서 다른 신호에 비해 상대적으로 효율성이 낮아지고 있으므로(Kirmani and Rao 2000) 1:1 광고 등에 대한 추가적 연구가 필요하다.

브랜드(Brand name)의 경우에는 신호로 활용할 수 있기까지 소요되는 시간이 비교적 오래 걸린다는 점에서 급속한 진입, 퇴출이 반복되는 온라인 환경에의 적용성은 제한적이라고 볼 수 있다. 다만, Chu and Chu(1994)의 연구에서 제시된 바와 같이 기존의 브랜드 자산이 있는 다른 업체의 명성을 활용할 수는 있다는 사실은 온라인 환경에서도 여전히 유효하다고 볼 수 있다.

입점료(Slotting allowance)는 제조업체가 소매업체에게 제공하는 일종의 보조금이므로 소비자를 대상으로 하는 온라인 업종(B2C)에는 적용할 수 없다는 한계가 있다.

보증(Warranty), 환불보장(Money-back guarantee) 등의 신호는 기업에 대한 원천적 신뢰가 부족할 때에는 소비자에게 설득력 있는 신호로 전달되지 못할 수 있다는 한계가 온라인 환경에서도 여전히 작용한다(Kirmani and Rao 2000).

<표 5-5> 온라인 환경에서 기존 신호 이용상의 제한점

| 신호 | 연구자 | 온라인 환경 적용시의 제한점 |
|---|---|---|
| 가격 | Milgrom and Roberts(1986) | 온라인 서비스 유료화 정착 이전에는 적용 곤란 |
| 광고 | Kihlstrom and Riordan(1984); Milgrom and Roberts(1986) | 소비자와 1:1 커뮤니케이션이 가능한 온라인 환경에서는 상대적으로 효율성 저하 |
| 브랜드 | Wernerfelt(1988) | 기존 브랜드(명성)가 확립되지 못한 신생(중소)기업에는 적용 곤란 |
| 유통업체 브랜드 | Chu(1992) | 소비자(B2C)에 대한 신호전송에 적용할 수 없음 |
| 보증 | Lutz and Padmanabhan (1995) | 기업에 대한 원천신뢰가 없을 때 효과 반감됨 |
| 환불보장 | Moorthy and Srinivasan(1995) | 기업에 대한 원천신뢰가 없을 때 효과 반감됨 |

## 2. 온라인 환경에서의 신호전송 연구에 대한 비판적 검토

신호전송과 관련된 기존의 연구결과에 대한 온라인 환경에서의 적용가능성과 관련된 이상의 비판적 검토를 토대로 온라인 환경에서의 신호전송 연구의 방향성을 정리하면 다음과 같다.

첫째, 실증연구 일변도로 이루어지고 있는 온라인 환경에서의 신뢰에 대한 신호전송 연구가 가지고 있는 신호전송 과정에 대한 이론적 설명력을 보완해야 할 필요성이 높아지고 있다. 이러한 맥락에서, 온라인 환경에서 기업의 신뢰성에 대한 신호전송과 관련된 지금까지의 실증연구결과의 현실 설명력을 보강하고 새로운 신호전송 기제(Mechanism)의 발굴 가능성을 확인하는 이론적 연구가 시급하다고 할 수 있다.

둘째, 오프라인 환경에서 유력한 신호전송수단으로 각광 받던 신호 중에는 온라인 환경에서 이용하기 곤란하거나 온라인 환경에서 이용할 수 있더라도 활용성이 낮아지는 경우가 있으므로 온라인 환경을 염두에 둔 연구를 통해 온라인 환경에서의 신호전송 과정에 대한 설명력을 높일 필요가 제기된다.

셋째, 신제품 도입 초기의 상황에서 단기적인 신호전송의 수단으로서 많이 연구되어 온 "가격을 통한 신호" 수단이 온라인 환경에서 신호전송에 사용되기 어려운 경우가 발생하여 온라인 환경에서 기업과 소비자 사이의 1차적 관계가 형성되기까지의 초기상황의 정보비대칭성 문제 해결을 위한 새로운 신호전송수단의 발굴 필요성이 특히 강조된다.

넷째, 온라인 환경에서의 이론적 신호전송 연구와 관련된 기존문헌이 미비하므로 온라인 환경에서의 신뢰에 대한 이론적 신호전송 연구의 타당성 확보를 위해서는 사전조사를 토대로 잠재적인 신호를 충분히 발굴하고 이를 선별하여 이론모형에 반영함으로써 이론모형의 현실 부합도를 높이는 한편 이론모형의 결과에 대한 사후적 검증을 통해 초기적인 온라인 환경에서의 신호전송 연구로서의 현실 설명력을 입증하는 탐색적이되 자기 완결적인 이론 및 실증의 결합적 연구가 바람직할 것으로 예상된다.

# 제6장 연구모형의 개발

## 제1절 연구모형 수립 대상으로서의 온라인 정보중간상

### 1. 온라인 정보중간상(情報中間商)의 이해

#### 1) 온라인 정보중간상의 정의

정보중간상(Information intermediary)은 온라인 환경이 현실화되기 이전부터 존재해왔다(Patterson 2001). "Consumer reports" 등의 잡지발행기관 혹은 도서관, 인증기관 등이 그 예들이다(Patterson 2001).

이러한 정보중간상이 마케팅 연구분야의 주목(Chen et al. 2002)을 받기 시작한 것은 정보의 디지털화로 인해 온라인 정보중간상이 두드러진 경제적 역할을 수행하기 시작하면서라고 볼 수 있는데, 특히 Hagel and Singer(1999)이 온라인 정보중간상(Infomediary)을 온라인상에서 소비자의 정보가치를 획득하고, 관리하고 최대화하는 소비자 정보의 제3자 관리인으로 규정하고 소비자 지향적인 정보중간상의 개념을 도입한 이래로 이와 관련된 다양한 연구가 진행되었다.

이후 국내에서는 임종원과 이동일(1999)이 정보중간상을 소비자 커뮤니티와 공급자 네크워크 등으로 이루어진 연결마케팅 커뮤니티(Relationship marketing community)에서 소비자와 공급자 상호간의 정보적 연결을 담당하는 주체로 규정하였으며, 최근 Chen et al.(2002)은 정보중간상을 "Internet referral services"로 규정하고 있다. Patterson(2001)은 온라인 정보중간상과 전통적인 정보중간상 사이의 중요한 차이점으로 온라인 정보중간상의 이윤추구동기를 꼽고 있다.

<표 6-1> 온라인 정보중간상의 개념에 대한 연구

| 연구자 | 온라인 정보중간상의 개념 규정 |
|---|---|
| Hagel and Singer (1999) | 온라인상에서 소비자의 정보가치를 획득하고, 관리하고 최대화하는 소비자 정보의 제3자 관리인 |
| 임종원과 이동일(1999) | 소비자 커뮤니티와 공급자 네크워크 등으로 이루어진 연결마케팅 커뮤니티(Relationship marketing community)에서 소비자와 공급자 상호간의 정보적 연결을 담당하는 주체 |
| Patterson(2001) | 이윤추구 동기하에서 구매자와 판매자 사이의 관계형성을 촉진하는 대리인인 중개상의 역할을 인터넷 매체를 이용, 정보시장(Information market)에서 수행하는 경제주체 |
| Chen et al. (2002) | 인터넷 추천 서비스(Internet referral services) 제공자 |

Hagel and Singer(1997)의 정보중간상에 대한 초기 개념부터 Chen, Iyer and Padmanabhan(2002)의 최근 개념까지 참고하여 재구성해보면, 정보중간상(Infomediary)은 "소비자와 공급자의 중간에서 인터넷 등 고성능 정보기술을 통해 양측에 필요한 정보를 수집, 처리, 전달하는 기능을 수행하여 거래성사(Match) 가능성을 높이는 상거래 주체"라고 볼 수 있다. 그 예는 다음과 같다.

<표 6-2> 온라인 정보중간상의 예

| 제품 및 서비스 | 정보중간상 | |
| --- | --- | --- |
| | 미국 | 한국 |
| 구인구직 | Monster.com | Jobbank.co.kr |
| 부동산 | Avviva.com | Speedbank.co.kr |
| 자동차 | Autobytel.com | Dealway.net |
| 법률 | Austinlrs.com | Oseo.co.kr |
| 금융 | Quicken.com | Moneta.co.kr |

## 2) 온라인 정보중간상의 기능

정보중간상의 기능은 기본적으로 수요와 공급 정보의 집적(Aggregation), 정보의 여과(Filtering) 및 정보의 재분배(Distribution)로 요약된다(Hagel and Singer 1997, Bailey and Bakos 1997, Chen, Iyer and Padmanabhan 2002). 이러한 기능을 수행함으로써 소비자에게는 가격 검색 서비스를 제공하고 공급자에게는 가망고객을 연결시켜 일종의 가격차별화 메카니즘을 제공한다(Chen, Iyer and Padmanabhan 2002). 또한, 소비자와 공급자를 집적함으로써 범위의 경제를 제공하며(Sankar, Butler and Steinfield 1995), 장기적으로는 명성을 구축할 유인에 따라 공급자의 품질에 대한 관리를 함으로써 소비자에게 공급자의 품질에 대한 보증 역할도 수행할 수 있게 된다(Bailey and Bakos 1997, Chu and Chu 1994).

정보중간상의 기능을 종합해보면 정보중간상은 소비자와 공급자 사이의 거래성사 가능성을 높이는 것이 목표가 되며, 결국 정보중간상의 성공열쇠는 문자 그대로 정보(Information)의 양과 질 및 처리능력에 달려있음을 부인할 수 없게 된다(Hagel and Singer 1999). 특히, 도입 초기의 정보중간상이 생존하기 위해서는 정보의 집적이 시급함을 알 수 있다. 왜냐하면, Hagel and Singer(1999)가 지적했듯이 양질의 더 많은 공급자는 소비자를 더 많이 끌어들이게 되고, 더 많이 모인 양질의 소비자는 다시 더 많은 양질의 공급자를 유인하게 되는 네트워크 효과가 발생할 수 있기 때문이다. 따라서, 정보중간상은 선도자의 우위가 중요한 경쟁우위 요인이 될 수 있으므로 초기에 정보제공 등 소비자와의 협조관계를 형성하는 것이 매우 중요하다.

## 2. 온라인 정보중간상에 대한 연구의 의의

### 1) 온라인 시장실패 문제해결의 시금석, 온라인 정보중간상

"온라인 시장실패" 상황 속에서 정보중간상이 차지하는 역할과 위치는 세 가지로 정리될 수 있다. 우선 인터넷 쇼핑몰과는 달리 전적으로 소비자와 공급자의 중간에서 양질의 정보를 연결함으로써 생존해야 하는 정보중간상에게 "온라인 시장실패" 문제는 생존과 직결되는 위협이 될 수 있다는 점에서 "온라인 시장실패" 문제의 최전선에 위치하고 있다고 볼 수 있다. 특히 미국의 Autobytel.com(자동차)과 같은 두드러진 선도적 정보중간상이 없고 정보중간상으로부터 얻을 수 있는 효용이 얼마나 될 지를 파악할 수 있는 소비자의 경험이 일천한 국내의 실정에서는 선도업체의 브랜드에 입각해 판단하기도 어려워 소비자의 불확실성이 더 크다는 점에서 "온라인 시장실패"의 위협이 더 심각하다고 볼 수 있다. 따라서 "온라인 시장실패"의 문제에 먼저 직면하고 있는 정보중간상의 사례를 중심으로 이 문제에 대한 해법을 모색하는 것은 일종의 시금석(試金石)으로서 이론 및 실무적으로 확장의 여지가 크다고 할 수 있다.

다음으로, 정보중간상의 핵심적인 경제적 기능이 "정보 순환 촉진"이므로 정보중간상이 직면한 "온라인 시장실패" 문제를 해결하여 정보중간상이 제대로 기능을 발휘하게 될 경우 관련 업계와 소비자 간의 "온라인 시장실패"를 완화시키는 파급효과가 생긴다. 현재 다양한 업종에서 도입 단계에 머무르고 있는 국내의 정보중간상이 "온라인 시장실패" 문제에 효과적으로 대처할 수 있는 방안을 모색하는 것은 결국 이들 정보중간상이 제대로 기능하면서 이들이 관련된 경제 시스템의 상적 정보처리과정의 효율화에 기여하게 되는 파급효과를 얻게 된다.

끝으로 정보중간상이 경제 시스템에서 차지하는 경제적 비중이 작지 않다는 점에서 정보중간상의 "온라인 시장실패" 문제를 해결하는 것 자체만으로도 의미를 부여할 수 있다. Forrester Research에 따르면 미국 내 200만 가구가 자동차 구매 시 Autobytel.com(자동차) 등의 정보중간상을 직간접적으로 활용하였고, 향후 5년 내 신차 구매 예정자의 50% 정도가 이런 서비스를 이용할 것으로 예상되는 등 경제적 비중이 성장하고 있으며(Chen et al. 2002) 국내에서도 정보중간상이 점차 다양한 업종으로 확산되는 추세에 있다. 이처럼 정보중간상이 기존의 상적 정보처리과정을 혁신적으로 효율화시키면서 공급자와 소비자의 거래관행에 심대한 영향을 미칠 수 있다는 사실이 디지털 선진국을 중심으로 현실을 통해 입증되고 있으며 향후의 잠재력에 대해서도 낙관적으로 평가되고 있다(Chen et al. 2002).

[그림 6-1] "온라인 시장실패" 문제와 온라인 정보중간상의 관계

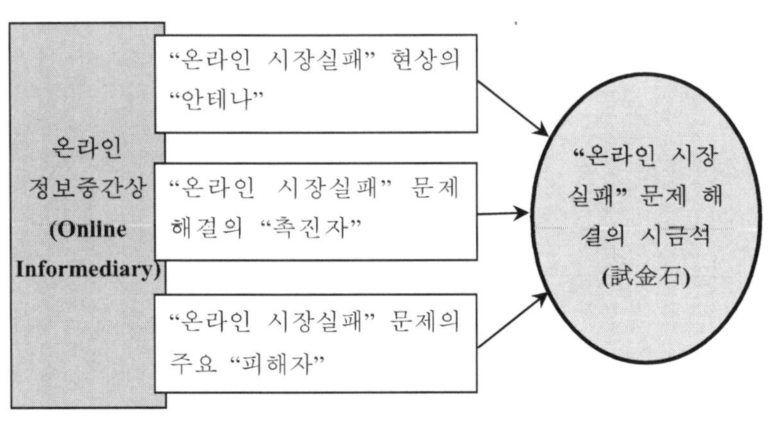


## 2) 온라인 정보중간상과 소비자 정보

"온라인 시장실패" 상황하에서 소비자가 자발적으로 정보를 제공하도록 정보협조를 유도해내는 것은 난제에 속한다. 실제로 소비자를 대상으로 한 여러 조사에서도 인터넷 사이트 이용 시에 개인정보를 제공해야 할 때 적지 않은 갈등을 느낀다는 반응이 나타나고 있다. 인터넷 사이트를 방문한 사람들 가운데 절반 정도가 개인정보를 등록해야 한다는 것 때문에 회원등록을 포기한다는 조사도 있고(Caruso 1995), 본 연구와 관련하여 정보중간상의 이용 실태에 대해 실시한 사전 조사에서도 71%의 응답자가 개인정보 제공 조건으로 인한 개인정보 침해 우려 때문에 정보중간상에의 회원가입을 포기한 경험이 있다고 답변하였다.

소비자가 개인정보 제공으로 인한 사생활 노출의 부담을 감수하고 정보중간상의 서비스를 이용하는 행위는 일종의 "교환"

행위이므로 소비자가 정보를 제공하고 어떤 효용을 얻을 수 있느냐(McKim 1999)가 중요하다. Goodwin(1991)은 소비자가 정보공개로 얻는 혜택에 따라 자발적으로 정보를 제공할 수 있다는 사실을 지적하였다. 이때 소비자가 인정하는 혜택은 현금, 제품, 서비스 등 재무적 가치를 가질 수도 있고 특정 정보의 이용권리 등의 정보적 가치를 가질 수도 있다(Sheehan and Hoy 2000). 최근 수행된 한 소비자 설문조사에서도 미국 인터넷 이용자 중 개인정보 제공을 거절하는 사람의 65%는 개인정보를 제공하면서 감수하는 위험만큼의 가치를 얻을 수 없기 때문이라고 응답하고 있다(Hoffman et al. 1999).

결국 소비자가 자신의 개인정보를 자발적으로 제공하고 정보중간상의 서비스를 이용하게 되는 조건을 규명하는 것이 필요한데, 이를 위해서는 소비자가 정보협조여부를 결정하는 내적 과정에 대한 이해가 필요하다.


# 제2절 연구모형 수립을 위한 사전조사

## 1. 기업의 신호전송과 소비자의 추론 단서

### 1) 단서(Cues)의 본질

소비자의 구매행동은 여러 가지 불확실한 조건하에서 이루어진다. 이러한 불확실성을 감소시키기 위하여 소비자는 제품에 대한 정보를 찾고 그러한 정보에 대해 일반화된 인상을 형성하려고 한다.

정보처리관점에서 본다면, 제품은 일련의 정보단서들의 집합이라고 정의할 수 있다. 이러한 경우 제품 평가를 할 때 소비자가 하는 일은 이러한 단서들을 제품 판단의 기초로 이용하는 것이다(Jacoby, Olson and Haddock 1971). 따라서, 단서이용이론서는 소비자가 정보단서(Information cues)에 근거하여 제품 평가를 하게 된다고 설명한다. 정보단서에는 크게 내재적 단서(Intrinsic cues)와 외재적 단서(Extrinsic cues)가 있다(Olson 1977, Olson and Jacoby 1972). 내재적 단서는 제품의 물리적 구성을 형성하는 것으로 그 단서가 변화함으로써 제품 자체의 변화를 가져오는 단서를 말한다. 이에 반해, 외재적 단서는 제품과 관련되어 있으나 제품자체를 구성하지 않는 단서를 말한다. 따라서, 외재적 단서가 변화한다 해도 제품자체의 물리적 특성이 변화하지 않는다(Zeithaml 1988).

이와 같은 외재적 단서에는 가격(Price), 브랜드명(Brand name), 점포명(Store name), 광고수준(Advertising level), 포장(Package), 보증(Warranty) 등이 포함된다.

Zeithaml(1988)은 소비자가 다음과 같은 경우에 내재적 단서보다 외재적 단서에 더 의존한다고 주장했다. 첫째, 내재적 단서에 대한 정보를 얻기 어려운 최초 구매상황인 경우, 둘째, 소비자가 가치 있다고 생각하는 수준보다 내재적 단서에 대한 평가가 더 많은 노력과 시간을 필요로 하는 경우, 셋째, 품질에 대한 평가가 곤란할 경우 외재적 단서에 더 의존하게 된다고 한다.

## 2) 단서(Cues)에 대한 소비자의 귀인(歸因, Attribution)

귀인(Attribution)은 관찰을 통한 사건이나 현상의 인과추론 과정이다. 귀인은 관찰의 주대상에 따라 귀인의 초점이 달라진다. 즉 귀인은 인식대상에 따라 타인의 행위에 대한 지각 과정인 타인귀인(Others attribution)(Heider 1958; Jones and Davis 1965; Kelly 1967, 1971, 1973), 사물의 성과나 속성에 대한 지각 과정인 사물귀인(Object attribution)(Kelly 1967, 1971, 1973), 자신의 행위를 외부관찰자의 입장에서 지각하는 자기귀인(Self attribution)(Bem 1965, 1967, 1972; Kelly 1967, 1971, 1973)의 세 가지 귀인초점을 가진다(안광호와 윤명상 1990).

귀인은 관찰된 행동이 다양한 상황 속에서 장기간 지속될 수 있을 때, 보통의 상황에서 일어나기 힘든 경우, 상황적 원인을 추론해낼 수 없는 경우에 성향으로 향하게 된다(임종원 외 1994).

귀인이론은 인과추론의 과정, 즉 어떤 자극으로부터 귀인에 이르는 인지적 절차를 다루는 연구이다. 귀인이론은 소비자나 기업의 특정 행동에 대한 이유를 외부적 상황(Situation)에 돌리든지 아니면 내부적 성향(Disposition)에 돌리는 것을 말한다(임종원 외 1994). 귀인이론은 소비자를 이성적인 추론의 과정을 밟는 적극적인 문제 해결자로 보고 이성적 추론의 결과에 따른 태도변화에 집중하고 있다.

최근 연구의 흐름은 인과추론의 선행요인(Antecedents)가 인과추론에 영향을 미침으로써 귀인편견(Attribution bias)을 발생시킨다는 증거가 제시되고 있으며(Richins 1985; Folks and Kotsos 1986; Lichtenstein and Bearden 1986), 이러한 귀인편견이 발생하는 상황의 중요성이 지적되고 있다(Folks 1988; 안광호와 윤명상 1990).

Kelly and Michela(1980)는 귀인편견에 영향을 주는 인과추론의 선행요인으로 동기, 정보, 사전신념 등을 제시하였다. 소비자는 쾌락적 욕구 혹은 자기존경 욕구 등의 동기요인을 기초로 인과추론을 하거나, 특정행위의 발생빈도와 행위원인과의 관련성에 대한 정보 혹은 특정원인에 대한 사전신념을 기초로 인과추론을 하게 됨으로써 귀인편견이 발생한다는 사실이 밝혀졌다(Kelly and Michela 1980).

Kirmani and Wright(1989)는 광고비용이 소비자의 품질지각에 미치는 영향을 연구하면서 Bem(1972)과 Weiner(1986)의 자기지각이론(Self perception theory)에서 제시한 바와 같이 "지각된 노력(Perceived effort)"이 성공가능성의 핵심적인 지표가 된다는 사실에 착안하여 기업의 광고비용지출이 의미하는 노력의 정도가 소비자에게 성공가증성의 지표가 될 수 있다는 사실을 가설화하여 실증하였다. 이때 Kirmani and Wright(1989)는 인과추론의 선행요인으로 "절박성(Desperation)", "면책성(Immunity)"과 "무담보성(No pain)", "기본신념(Basic premise)" 등을 고려하여 광고비용이 품질지각에 미치는 영향을 조절하는 것으로 모형화하여 연구를 진행하였다.

## 2. 온라인 정보중간상의 서비스 역량 추론 단서

본 연구에서는 이론적 모형 및 실증적 모형의 도출에 앞서 문헌연구결과에 대한 현실적 적합성 확인을 위해 인터넷 사용경험이 있는 소비자를 대상으로 설문 조사를 실시하였다. 우선 소비자들이 개인적 정보를 제공할 때 실제로 정보 유출 등과 관련되어 우려를 하고 있는지를 질문하였으며, 다음으로는 과연 어떤 특징을 정보중간상의 역량에 대한 신호로 받아들이는

지를 질문하였다. 표본은 129명의 인터넷 사용자로 구성되었는데, 이들은 남녀의 성비가 균등하게 분포되어 있고, 약 74%가 정보중간상을 이용해본 경험이 있다고 응답하였다. 설문 조사의 주요 결과는 다음과 같다.

  (1) 많은 소비자가 정보중간상 사이트를 이용하기 위해 자신의 개인적 정보를 제공하해야 할 경우 일정 수준의 거부감을 가지는 것으로 나타났다. 전체 응답자의 약 64%가 개인적 정보 제공에 따른 사생활 침해 우려를 정보중간상 이용을 저해하는 주요 장애요인으로 꼽았다.

<표 6-3> 개인정보 제공에 대한 소비자의 태도

| 질문: 정보중간상(정보중개) 사이트의 이용 활성화를 저해하는 주요 요인이 무엇이라고 생각하십니까? | 응답자 수 (%) |
|---|---|
| **개인적 정보요구로 인한 사행활 침해 가능성 우려로** | **82(64%)** |
| 타 사이트에 비해 정보의 질이 떨어져서 | 22(17%) |
| 해당 사이트가 보유한 정보가 필요가 없어서 | 16(12%) |
| 인터넷 접속 환경이 불편해서 | 9(7%) |
| 전체 | 129(100%) |

  (2) 많은 소비자가 낯선 정보중간상 사이트가 어느 정도의 정보중개 역량을 가졌는지 유추하는데 해당 사이트의 회원전용(부가서비스) 혜택(예: 무료 이메일 및 저장공간 계정, 각종 서비스 할인권 등)의 내역을 단서로 활용하는 것으로 나타났다. 본 연구에서는 기존의 신호전송 연구문헌에서 많은 연구가 이루어진 "광고"를 통한 신호전송(Milgrom and Roberts 1986; Kirmani 1990,

1997)과 본질적으로 유사한 "비회원도 이용 가능한 무료 정보 컨텐츠"보다는 기존에 연구가 이루어지지 않은 "회원전용 (부가서비스) 혜택"을 신호전송 게임 모형에 반영하여 소비자에게 숨겨진 온라인 정보중간상의 서비스 역량에 대한 단서로 활용되는 과정을 이론적으로 규명하여 종래의 오프라인에서의 신호전송 연구와 차별화하였다.

<표 6-4> 서비스 역량에 대한 단서

| 질문: 처음 접한 정보중간상(정보중개) 사이트가 서비스를 잘 할 수 있는지를 주로 어떤 기준으로 판단하십니까? | 응답자 수 (%) |
|---|---|
| 비회원도 자유롭게 이용 가능한 정보 컨텐츠를 통해 | 43(33%) |
| **회원전용 혜택의 내역을 통해** | **30(23%)** |
| 서비스 품질 보증 수준을 통해 | 17(13%) |
| 게시판에 올려진 사용자들의 평가를 통해 | 8(6%) |
| 제휴업체들의 리스트를 통해 | 6(5%) |
| 외부기관의 자료와 인증을 통해 | 6(5%) |
| 광고 및 홍보의 규모와 빈도를 통해 | 5(4%) |
| 홈페이지 디자인을 통해 | 4(3%) |
| 사이트 접속 및 다운로드 속도를 통해 | 4(3%) |
| 다른 사이트의 추천을 통해 | 3(2%) |
| 오프라인 관계회사의 규모와 명성을 통해 | 2(2%) |
| 유료 서비스 요금 수준을 통해 | 1(1%) |
| 전체 | 129(100%) |

참고로, 이러한 사전조사의 질문은 온라인 환경에서의 신뢰를 형성하는데 단서로 사용된다고 연구된 온라인 커뮤니티(Kollock 1999), 다른 사이트로의 링크(Brynjofsson and Smith 1999), 기존 오프라인 브랜드(Brynjofsson and Smith 2000) 등의 선행연구결과와 인터뷰, 관찰 등에 의한 보완을 통해 구성되었다. 이러한 사전조사에서 "회원전용 부가서비스 혜택" 요인이 전술한 기존 연구에서 제시한 여타의 단서보다 실제 소비들에 의해 많이 사용되는 것으로 나타났다.

## 3. 온라인 정보중간상의 고객정보보호의 성실성 추론 단서

많은 소비자가 낯선 정보중간상 사이트가 정보보호를 위해 얼마나 노력할지 유추하는데 해당 사이트의 회원 전용 혜택의 내역, 서비스 품질보증수준, 외부기관의 자료와 인증 등을 단서로 활용하는 것으로 나타났다. 이번 조사에서는 전체 응답자의 26%가 회원 전용 혜택의 내역을 보고 해당 사이트의 성실성을 간접적으로 판단한다고 응답하였으며, 24%가 서비스 품질보증수준, 21%가 외부기관 자료 및 인증을 선택하였다.

본 연구에서는 "특정적 자산 투자(Specific asset investment)"를 통해 소비자의 계산적 신뢰(Calculative Trust)를 유발하는 과정에 대한 선행연구(Kliein 1980; Williamson 1983, 1993)를 토대로 하여 외부기관 인증 획득 및 보증 제시 등 고객정보보호에 직간접적으로 관련된 선행적 투자를 통해 소비자에게 고객정보보호에 대한 성실성을 신호전송 하는 과정을 게임이론을 이용한 이론적 모형을 통해 규명하였다.

전술한 바와 같이 선행연구에서 신뢰성에 대한 유력한 신호로 제시되었던 온라인 커뮤니티(Kollock 1999), 다른 사이트로의 링크(Brynjofsson and Smith 1999), 기존 오프라인 브랜드(Brynjofsson and Smith 2000) 등의 요인보다 본 연구에서 모형화한 선행적 투자 요인이 소비자들에 의해 더 많이 사용된다는 점은 주목할 만하다.

<표 6-5> 고객정보보호의 성실성에 대한 단서

| 질문: 처음 접한 정보중간상(정보중개) 사이트가 개인정보보호를 위해 얼마나 노력할지를 어떤 기준으로 판단하십니까? | 응답자 수 (%) |
|---|---|
| 회원전용 혜택의 내역을 통해 | 26(20%) |
| **서비스 품질 보증 수준을 통해** | **24(19%)** |
| **외부기관의 자료와 인증을 통해** | **21(16%)** |
| 비회원도 자유롭게 이용 가능한 정보 컨텐츠를 통해 | 16(12%) |
| 게시판에 올려진 사용자들의 평가를 통해 | 10(8%) |
| 유료 서비스 요금 수준을 통해 | 10(8%) |
| 홈페이지 디자인을 통해 | 7(5%) |
| 오프라인 관계회사의 규모와 명성을 통해 | 6(5%) |
| 광고 및 홍보의 규모와 빈도를 통해 | 5(4%) |
| 사이트 접속 및 다운로드 속도를 통해 | 2(2%) |
| 제휴업체들의 리스트를 통해 | 1(1%) |
| 서비스 인력의 학력과 경력을 통해 | 1(1%) |
| 전체 | 129(100%) |

# 제3절 연구모형의 개념적 틀

본 연구는 "온라인 시장실패" 문제가 내포하는 역차별 문제가 기존 연구의 "기업(Company)–소비자(Consumer)" 틀로는 제대로 설명되지 못하고 있는 점에 착안하여, 한계기업과 선량한 일반기업의 이질적 특성으로 인한 "시장실패" 문제의 해결방안을 도출하기 위하여 이질적인 기업의 존재를 고려한 "일반기업(Company)–한계기업(Competitor)–소비자(Consumer)"의 틀에 입각하여 진행하였다.

본 연구는 온라인 시장실패 문제에 환기를 촉구하고, 기존에 제시된 해결방식이 온라인 시장실패 문제 해결과정에서 나타낼 수밖에 없는 제한을 극복할 수 있는 효과적인 대안적인 신호전송 방식을 규명하는데 주안점을 두고 있다. 이와 같은 본 연구의 지향점은 다음의 [그림 6-2]에 나타나 있다.

[그림 6-2] "온라인 시장실패" 해결과정의 개념도

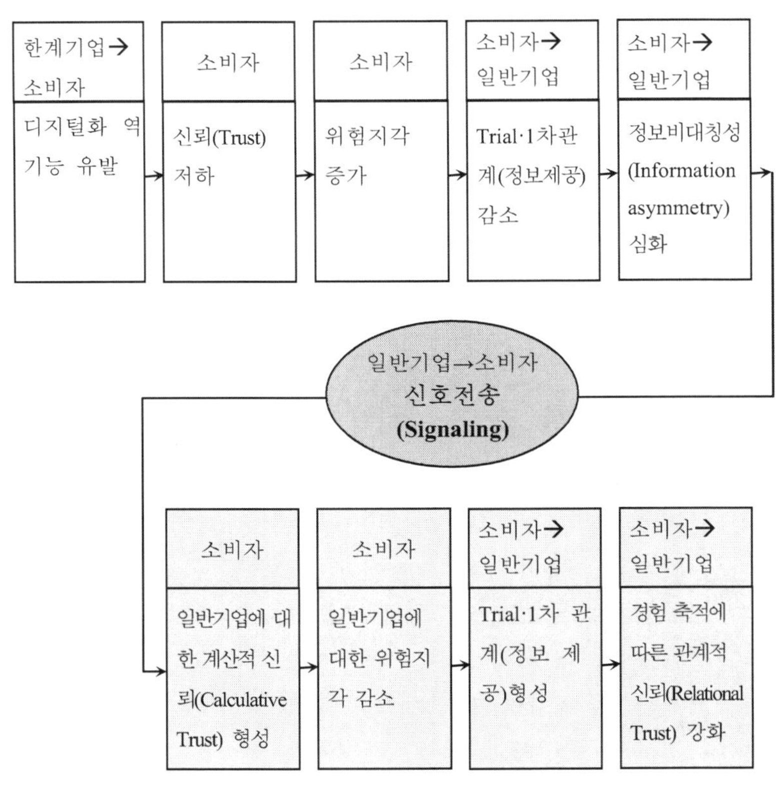


이상과 같은 본 연구의 개념적 틀을 정리하면 <표 6-6>과 같이 정리될 수 있다.

<표 6-6> 본 연구의 개념적 틀

| 연구의 배경 | "온라인 시장실패" | |
|---|---|---|
| 문제점 (이슈) | "서비스 力量"에 대한 정보비대칭성 문제 | "고객정보보호의 誠實性"에 대한 정보비대칭성 문제 |
| 해결책 모색 (이론 연구) | "서비스 역량"에 대한 신호전송모형 분석<br>• 기업: 정보중간상<br>• 신호: 회원전용 부가 서비스 혜택 변수<br>• 게임모형: 불완비정보 신호전송 게임 모형 | "고객정보보호의 성실성"에 대한 신호전송모형 분석<br>• 기업: 정보중간상<br>• 신호: 고객정보보호 용도의 투자 수준<br>• 게임모형: 완비정보 무한반복게임 모형 |
| 실증 연구 | "서비스 역량" 신호전송 관련 실증 분석<br>• 기업: 채용정보사이트<br>• 가설: 이론연구결과 중 실증 가능한 3개의 결과<br>• 실증모형: 실험(분산분석) 및 설문(회귀분석) | "고객정보보호의 성실성" 신호전송 관련 실증 분석<br>• 기업: 채용정보사이트<br>• 가설: 이론연구결과 중 실증 가능한 3개의 결과<br>• 실증모형: 실험(T-Test) 및 설문(회귀분석) |

# 제7장 서비스 역량 신호전송모형

## 제1절 서비스 역량 신호전송모형의 의의

본 모형은 소비자가 서비스 역량이 우수한 우등 정보중간상과 서비스 역량이 열등한 열등 정보중간상이 시장에 혼재하고 있다는 사실은 알지만 사전에(ex ante) 누가 우등 정보중간상인지 구별하기 어려운 상황에서 정보중간상이 어떻게 자신이 우등 정보중간상이라는 신호를 소비자에게 전달할 수 있는지에 대하여 불완비정보게임(Incomplete information game) 모형을 통해 분석을 하고 있다.

본 모형은 소비자를 대상으로 실시한 사전조사에서 정보중간상의 서비스 역량에 대한 단서로 많이 사용한다고 답변한 항목 중에서 종래의 신호전송모형에서 다루어지지 않았던 항목인 "회원전용 부가서비스 혜택의 수준"에 주목하여 이를 포함하는 신호전송모형을 설계하였다.

본 모형의 연구 목적은 우선, "회원전용 부가서비스 혜택의 수준"이 정보중간상의 서비스 역량에 대한 신호전송의 기제(Mechanism)로서 성립될 수 있는지에 대한 이론적 가능성을 확인하고, 다음으로, 신호전송의 기제(機制)로서 성립될 수 있다면 정보중간상이 어떤 방향으로 어떻게 행동해야 하는가와 관련되어 구체적인 기제(機制, Mechanism)의 작동원리를 규명하는데 있다.

# 제2절 서비스 역량 신호전송모형 설계

서비스 역량 신호전송(信號傳送) 모형에서는 각기 한 명의 정보중간상과 소비자가 존재하는 시장을 상정하고 있으며, 게임 상황은 다음과 같다.

## 1. 온라인 정보중간상

서비스 역량 신호전송(信號傳送) 모형에서는 우등 정보중간상과 열등 정보중간상에 등록된 공급자가 상품구색, 품질, 운영시스템 등 전반적 역량 면에서 차이가 나는 상황을 고려하고 있다. 즉, 우등 정보중간상은 전술한 "선량한 일반기업"에 해당되고 열등 정보중간상은 "한계기업"에 해당된다고 볼 수 있다. 소비자가 우등 및 열등 정보중간상을 통해 원하는 상품을 제공하는 공급자를 발견하고 거래하게 될 확률은 각기 $m_H$ 와 $m_L$로 상정하기로 한다(단 $1>m_H>m_L>0$). 열등 정보중간상과 우등 정보중간상의 이윤함수는 다음과 같이 상정할 수 있다.

$$\Pi_L = m_L S - P_L \quad (1)$$

$$\Pi_H = m_H S - P_H \quad (2)$$

이 식에서 S는 각 공급자의 거래발생시 잉여이며, 이 모형에서의 독점 정보중간상은 이 잉여를 모두 획득하게 된다. 또한,

Pi($i \in \{H, L\}$)는 정보중간상이 소비자 정보를 수집하기 위한 반대급부로 제공하는 금전 및 비금전적 서비스의 재무적 환산치를 의미한다. 예를 들어 회원전용 저장공간, 이메일 계정, 할인권 등이 포함된다.

정보중간상의 정보중개 비용은 결과 해석상 일반화에 문제가 없으므로 $0$으로 간주하였으며, 끝으로, 우등 정보중간상일 사전확률(Prior probability)은 관례대로 ρ로 상정하였다.

## 2. 소비자

소비자는 자신의 정보를 정보중간상에게 제공할 때 일정한 지각위험(C)을 느끼게 되며, 소비자가 정보중간상을 통해 원하는 상품을 찾아내고 거래하게 될 경우 얻는 효익(가치)을 V로 상정하였다. 따라서, 열등 정보중간상과 우등 정보중간상을 이용하는 소비자의 효용은 다음과 같이 상정할 수 있다.

$$U_L = m_L V - C + P_L \quad (3)$$

$$U_H = m_H V - C + P_H \quad (4)$$

## 3. 주요 가정

본 모형에서는 신호전송(信號傳送) 모형의 분석을 위하여 다음의 세 가지를 가정하였다.

$$(A1) \qquad m_L V - C + m_L S \leq 0$$

$$(A2) \qquad m_H V - C + m_L S \geq 0$$

$$(A3) \qquad \rho < \frac{(m_H - m_L)S}{m_H(S+V)-C}\ ^2$$

(A1)은 비록 열등 정보중간상이 (1)에서 허용하는 최대 정보 구매가격을 제시해도 (3)에서 소비자의 효용은 陽이 되지 못하며 결과적으로 소비자는 열등 정보중간상을 이용할 유인이 없음을 의미한다.

(A2)는 우등 정보중간상이 $m_L S$ 이상의 소비자 정보 구매가격을 지불할 경우에 소비자는 우등 정보중간상을 이용할 유인이 있음을 의미한다. 또한, (A2)는 열등 정보중간상이 우등 정보중간상을 모방하여 소비자를 기만하는데 성공할 경우 陽의 잉여 획득이 가능하다는 의미도 있다.

(A3)은 불완비정보게임하에서 우등 정보중간상이 공동균형(Pooling Equilibrium)에서 얻는 잉여보다 분리균형(Separating Equilibrium)에

---

2 이 조건은 불완비정보 게임 하에서 도출되는 공동균형(Pooling Equilibrium)보다 분리균형(Separating Equilibrium )에 초점을 맞추기 위해 도입된 조건이다. 즉, 우등 정보중간상의 분리균형(Separating Equilibrium)에서의 이윤이 공동균형(Pooling Equilibrium)에서의 이윤보다 크기 위한 조건이다.
$\Pi_H{}^* - \rho\Pi_H{}^{F.B.} = (m_H S - m_L S) - \rho(m_H S + m_H V - C)$ 이 陽(Positive) 이어야 한다. 이를 $\rho$에 대해 다시 정리하면 $\rho < \frac{(m_H - m_L)S}{m_H(S+V)-C}$ 를 얻는다.

서 얻는 잉여가 크게 되는 조건이다. 이 모형에서는 일반적으로 더 중요하고 안정적인 균형으로 인정 받는 후자에 집중하기 위해 이를 고려하고 있다.

## 4. 변수에 대한 설명

본 모형에서 사용되는 변수들을 설명하면 다음 <표 7-1>과 같다.

<표 7-1> 변수 정리(서비스 역량 신호전송모형)

$U_i$ : i-type 정보중간상을 이용하는 소비자의 효용, $i \in \{H, L\}$

$\Pi_i$ : i-type 정보중간상의 이윤, $i \in \{H, L\}$

$P_i$ : 정보중간상이 소비자에게 지불하는 소비자정보 구입가격(부가서비스의 재무적 환산치), $i \in \{H, L\}$

$m_i$ : 소비자와 공급자의 거래성사 가능성, $i \in \{H, L\}$

$V$ : 거래발생시 소비자의 효익(가치)

$C$ : 소비자정보 제공 관련 비용

$S$ : 거래성사 시의 공급자 잉여(정보중간상에게 수수료로 제공됨)

$0^{F.B.}$ : 완비정보게임하에서의 1st Best 균형

$0^*$ : 불완비정보게임하에서의 신호전송(信號傳送) 균형

$\rho$ : $P_i$ 를 보기 전 정보중간상이 우등 유형일 것으로 믿는 소비자의 사전적(事前的) 신념

$\hat{\rho}$ : $P_i$ 를 본 후 정보중간상이 우등 유형일 것으로 믿는 소비자의 사후적(事後的) 신념

## 5. 게임 진행 단계

이 모형에서의 게임진행단계는 다음과 같다. 1단계로, 정보중간상이 소비자에게 소비자정보 구입가격 Pi를 제시한다. 2단계

로 소비자가 Pi를 토대로 정보중간상의 유형을 추론한 다음 자신의 정보를 제공할지 여부를 결정하게 된다. 그러면, 앞 단계에서의 행동에 따라 각 경기자의 잉여가 실현되어 분배된다.

# 제3절 분석 및 결과

본 모형에서는 먼저 정보비대칭이 없는 완비정보 상황에서의 균형을 도출하고, 다음으로 정보비대칭성이 있는 불완비정보 상황에서의 균형을 도출하여 결과를 이끌어내었다.

## 1. 온라인 정보중간상의 서비스 역량에 대한 완비정보게임

소비자가 정보중간상의 유형을 사전에 알고 있는 완비정보게임 상황에서 신호전송(信號傳送)은 문제로 성립되지 않으므로, 열등 정보중간상과 우등 정보중간상이 제시하는 균형 정보구매가격은 순서대로 다음과 같다.

$$P_L^{F.B.} = 0 \quad (5)$$

$$P_H^{F.B.} = C - m_H V \quad (6)$$

소비자가 정보중간상의 유형을 사전에 알고 있으므로, (A1)에 따라 열등 정보중간상은 허용 가능한 최대의 소비자정보 구매가격을 제시해도 소비자가 정보를 제공하지 않게 되므로, 0 이상의 정보구매가격을 제시할 유인이 없기 때문에 (5)는 자명하다. 또한, 우등 정보중간상은 (4)에 따라 소비자로 하여금 정보를 제공할 수 있게 하는 하한인 $C - m_H V$ 이상을 제시할 유인이 없으므로 (6)도 자명하다.

*결과 1. 우등 정보중간상에 연결된 공급자의 거래성사 가능성($m_H$)이 커질수록 우등 정보중간상의 1st Best 정보구매가격이 낮아진다.*

$$\textbf{\textit{(proof)}} \quad \frac{\partial P_H^{F.B.}}{\partial m_H} = -V < 0 . \qquad\qquad \textbf{\textit{Q.E.D.}}$$

직관적으로, 이 결과는 정보중간상이 소비자에게 줄 수 있는 기본 서비스 혜택이 커질수록 그 정보중간상이 소비자정보를 얻기 위해 소비자에게 제공해야 하는 보상이 작아진다는 사실을 의미한다. 특히, $m_H$가 충분히 커질 경우에는 소비자정보 구매가격이 陰(Negative)이 될 수도 있다는 점을 지적할 수 있는데, 이는 소비자가 회원가입 시에 일정한 이용료를 지불하게 된다는 사실을 의미한다. 다시 말해서, 유료화가 소비자에게 받아들여지기 위해서는 먼저 정보의 비대칭성의 해소가 선결되어야 하는 것이다.

*결과 2. 소비자 정보 제공 시에 체감하는 소비자의 위험지각 수준(C)이 높아질수록 우등 정보중간상의 1st Best 정보구매가격이 높아진다.*

$$(proof)\quad \frac{\partial P_H^{F.B.}}{\partial C} = 1 > 0. \qquad\qquad Q.E.D.$$

이런 결과는 직관적으로 볼 때 소비자가 정보제공 시에 느끼는 위험지각이 커질수록 정보중간상이 소비자에게 정보의 대가로 제공해야 하는 부가서비스의 수준이 높아진다는 의미이다.

## 2. 정보중간상의 서비스 역량에 대한 불완비정보게임

정보중간상의 정보중개역량에 대한 불완비정보게임 상황에서는 정보제공자가 정보중간상의 정보중개역량에 대해 불완전한 정보(확률분포)만을 가지고 있으므로, 우등 정보중간상으로서는 자신의 정보중개역량을 소비자에게 적절하게 신호전송(信號傳送)하는 것이 관건이 된다. 지금부터는 정보중간상의 최적 정보구매가격 전략을 규명하고 그 특징을 살펴보기로 한다. 불완비정보게임하에서 신호전송(信號傳送)을 위한 분리균형(Separating Equilibrium)을 도출하기 위해서는 유인양립조건(Incentive compatibility, 이하 IC)과 개인합리성 조건(Individual rationality, 이하 IR)을 규명하는 것이 우선이다.

IC조건은 열등 정보중간상이 흉내낼 수 없도록 우등 정보중간상이 자신의 전략을 선택한다는 의미이다. 본 모형에서는 열등 정보중간상이 자신의 정체를 그대로 드러내며 신호전송을 포기하게 되면 零(zero)의 이윤을 얻게 되므로, 이 조건은 다음과 같다.

(IC)   $m_L S - P_H \leq 0$    (7)

IR조건은 우등 정보중간상의 신호전송(信號傳送) 비용이 지나치게 크지 않아서, 우등 정보중간상이 신호전송(信號傳送) 노력을 통해 자신의 유형을 소비자에게 알리는 것이 유리해야 한다는 의미이다. 우등 정보중간상이 신호전송(信號傳送)을 하지 않고 열등 정보중간상으로 인식될 경우 零(zero)의 이윤을 얻게 되므로, 이 조건은 다음과 같다.

(IR)   $m_H S - P_H \geq 0$    (8)

(7)과 (8)을 통해 우리는 다음을 얻을 수 있다.

$$m_L S \leq P_H \leq m_H S \quad (9)$$

여기서 우리는 (A1)과 (A2)에 따라 우등 정보중간상의 1st Best 전략이 (9)의 구간 내에 들어가지 않는 상황에 초점을 맞출 수 있다. 그러면, 지금부터 신호전송(信號傳送) 균형에서 가장 많이 사용되는 균형 중 하나인 완전베이지안 균형(Perfect Bayesian Equilibrium)에 대해 살펴보기로 하자(Gibbons 1993).

*결과 3.  $C - m_H V < m_L S$ 일 때, 분리균형(Separating Equilibrium)* *에서 우등 정보중간상은 소비자 정보에 대해 過多지급(overpaying)* *함으로써 자신이 우등 정보중간상이라는 신호를 소비자에게* *보내게 된다. 우등 정보중간상은 $P_H^* = m_L S$ 을 제시하고 소비자* *는 이를 보고 그 정보중간상이 우등 유형임을 믿게 된다($\hat{p} = 1$).*

**(proof)**

우선 소비자의 믿음을 가정한다. 소비자는 정보중간상이 제시하는 정보구매가격이 $P_H^* = m_L S$일 경우에 우등 정보중간상이라고 믿고($\hat{p} = 1$), $m_L S$ 보다 작은 정보구매가격이 제시될 경우 열등 정보중간상이라고 믿는다($\hat{p} = 1$).

IC와 IR 조건은 우등 정보중간상이 자신의 유형을 소비자가 신뢰할 수 있도록 알릴 수 있는 $P_H$의 구간인데, 이 중에서 $P_H^* = m_L S$ 일 때 최소 비용이 발생한다.

한편, 이 경우에 열등 정보중간상은 우등 정보중간상을 모방할 수 없으므로, 자신의 $1^{ST}$ Best 전략인 $P_L^{F.B.} = 0$ 을 제시하며, 이 경우 소비자는 정보를 제공하지 않게 된다.

이제, $P_H^*$와 $P_L^*$이 주어진 상태에서, 소비자의 신념은 베이즈 규칙(Bayes rule)에 따라 형성된다.                    ***Q.E.D.***

이러한 결과는 우등 경기자는 열등 경기자가 모방할 수 없는 방향으로 움직임으로써 자신의 진정한 유형을 소비자에게 신뢰성 있게 전달할 수 있다는 점에서 Spence(1973), Milgrom and Rorberts(1986) 등 신호전송(信號傳送)과 관련된 다양한 연구 결과와 그 맥을 같이 하고 있다.

특히, 소비자가 정보비대칭 상황에서 오히려 더 많은 혜택을 받게 된다는 점은 정보중간상을 포함한 온라인 서비스업체에게 흥미로운 시사점이 될 수 있다고 생각된다. 다시 말해, 정보비대칭이 해소되어야만 비로소 우등 정보중간상이 자신의 서비스에 합당한 대가를 소비자에게 요구할 수 있게 된다는 점은 서비스 품질에 대해 어느 정도의 검증을 거친 후 초기의 무료 서비스 전략을 탈피하여 유료화 전략을 추구하는 각종 온라인 서비스의 유료화 움직임을 설명할 수 있는 하나의 시각이 될 수 있을 것이다.

***결과 4.*** *정보비대칭 상황에서는 열등 정보중간상에 연결된 공급자의 거래성사 가능성($m_L$)이 높아질수록 우등 정보중간상의 정보구매가격($P_H{}^*$)이 높아진다.*

$$(\textbf{\textit{proof}}) \quad \frac{\partial P_H{}^*}{\partial m_L} = S > 0 \, . \qquad\qquad \textbf{\textit{Q.E.D.}}$$

이는 열등 정보중간상의 정보중개역량이 커져 열등 정보중간상이 소비자에게 제시할 수 있는 정보구매가격(회원 전용 부가서비스의 재무적 환산치) 상한이 높아지면 우등 정보중간상이 자신을 차별화하기 위해 제시해야 하는 정보구매가격이 높아지게 된다는 의미이다.

*결과 5. 우등 혹은 열등 정보중간상에 등록된 공급자의 거래 성사 가능성(순서대로 $m_H$, $m_L$)이 높아질수록, 우등 정보중간상이 정보비대칭 시에 자신의 역량을 신호전송(信號傳送)하기 위해 제시하는 정보구매가격이 정보대칭 상황에서의 $1^{st}$ Best 정보구매가격 수준에서 멀어지게 된다.*

**(proof)**   $D = P_H^{*} - P_H^{F.R.} = m_L S - (C - m_H V)$ 라고 하자.

$$\frac{\partial D}{\partial m_L} = S > 0 \,,$$

$$\frac{\partial D}{\partial m_H} = V > 0 \,. \qquad\qquad \textbf{Q.E.D.}$$

이런 결과는 우등 정보중간상의 경우에 신호전송(信號傳送) 균형에서의 정보구매가격($P_H$)이 $m_H$와 무관하게 $m_L$의 증가함수가 되고, $1^{ST}$ Best 균형이 $m_L$과 무관하게 $m_H$의 감소함수가 되기 때문에 나타난다.

# 제4절 논의 및 시사점

## 1. 연구의 요약 및 시사점

우선, 본 모형은 정보중간상이 정보제공자인 일반 소비자에게 정보구매가격을 통해 신호를 발송하는 역방향 신호전송(信號傳送) 모형을 분석하였다는 점에서 판매가격, 광고 등을 통해 구매자 혹은 유통업자에게 신호를 보내는 상품공급자 중심의 신호전송(信號傳送) 연구들과는 차별점이 있다.

또한, 상품으로서의 정보가 거래되는 상황을 모형화하려는 시도를 했다는 점도 고객의 정보가 가지는 가치에 대한 인식이 사회적으로 확산되는 조류에 비추어볼 때 본 모형이 가지는 차별점으로 꼽을 수 있다고 생각되며, 이런 맥락에서의 연구는 확장의 여지가 있다고 생각된다.

본 모형이 제시하는 결과는 다음과 같이 정리할 수 있다.

- 완비정보 상황에서는, 우등 정보중간상이 열등 정보중간상보다 정보구매가격을 낮게 제시하게 된다. 이는 정보중개를 통한 기본 혜택 면에서 우등 정보중간상이 열등 정보중간상보다 더 높은 가치를 제공하기 때문이다.

- 불완비정보 상황에서는, 우등 정보중간상이 열등 정보중간상보다 정보구매가격을 더 높게 제시하게 된다. 이는 자신이 우등 유형이라는 신호를 소비자에게 전달하기 위해서이다.

- 소비자들이 정보중간상이 제시하는 정보구매가격을 정보중간상의 서비스 역량에 대한 일종의 신호로 보고 있는 것으로 나타났다.

- 소비자들이 정보중간상의 정보중개 역량에 대한 충분한 정보를 가지게 되면 정보중간상은 자신의 정보중개 서비스가 가지는 가치에 합당한 가격을 받아낼 수 있게 되는데, 이는 정보중간상 등 온라인 서비스 업체의 유료화 추세가 도입 후 일정 시기가 흐른 다음에 발생하고 있는 현

상에 대한 설명이 될 수 있다. 즉, 정보비대칭성이 해소되어야만 유료화가 가능하다고 볼 수 있는 것이다.

## 2. 연구의 한계 및 향후 연구 방향

본 모형이 가지는 한계점별로 향후의 연구 방향을 제시하면 다음과 같다. 우선, 본 모형에서는 정보중간상이 소비자의 정보보호를 위한 적극적 행동을 하지 않을 수도 있다는 가능성을 별도로 고려하지 않고 있는데, 소비자 정보보호와 관련하여 이와 같은 정보중간상의 도덕적 해이(Moral hazard)의 모형화가 가능할 것이다.

다음으로, 정보구매가격이라는 단순한 신호 장치 내에 정보중간상의 복합적인 서비스, 가격 등 오퍼를 포함하여 모형을 구성하고 있는데 광고, 인프라 투자 등 정보구매가격 이외의 추가 변수를 통한 복합적 신호전송(信號傳送) 모형을 통하여 확장 연구를 할 여지가 있다.

또한, 정보중간상이 독점적인 정보 유통권을 획득한 이후의 다기간 게임의 분석이 가능할 것이다. 이를 통해 정보중간상 사이의 경쟁이 진행된 후 명성(Reputation)이 형성되는 단계에서 일어날 수 있는 신호전송(信號傳送) 행태에 대한 연구도 가능할 것이다.

끝으로, 본 모형에서 제시한 이론적 예측과 관련된 실증연구도 가능할 것이다.

# 제8장 고객정보보호의 성실성 신호 전송모형

## 제1절 고객정보보호의 성실성 신호 전송모형의 의의

본 모형은 소비자가 정보보호를 위해 성실하게 노력하는 우등 정보중간상과 기회가 오면 불성실하게 행동하는 열등 정보중간상이 시장에 혼재하고 있다는 사실은 알지만 사전에(ex ante) 누가 우등 정보중간상인지 구별하기 어려운 상황에서 정보중간상이 어떻게 자신이 우등 정보중간상이라는 신호를 소비자에게 전달할 수 있는지에 대하여 무한반복게임(Infinitely repeated game) 모형을 통해 분석을 하고 있다.

본 모형은 소비자를 대상으로 실시한 사전조사에서 정보중간상의 고객정보보호의 성실성 여부에 대한 단서로 많이 사용한다고 답변한 항목 중에서 종래의 온라인 환경에서의 신뢰요인에 대한 연구에서 주요 대안으로 지적되어 온 "외부기관 인증" 등을 포함하는 "정보보호 관련 투자 수준"에 주목하여 이를 포함하는 모형을 설계하였다.

본 모형의 연구 목적은 우선, "정보보호 관련 투자 수준"이 정보중간상의 성실성에 대한 신호전송의 기제(機制)로서 성립될 수 있는지에 대한 이론적 가능성을 확인하고, 다음으로, 신호전송의 기제(機制)로서 성립될 수 있다면 정보중간상이 어떤 방향으로 어떻게 행동해야 하는가와 관련되어 구체적인 기제

(機制)의 작동원리를 규명하는데 있다.

# 제2절 모형 설계

정보보호 성실성 신호전송(信號傳送) 모형에서는 각기 한 명의 정보중간상과 소비자가 존재하는 시장을 상정하고 있으며, 게임 상황은 다음과 같다.

## 1. 온라인 정보중간상

본 연구에서는 앞의 모형과 같은 맥락에서 정보중간상이 1명의 공급자를 등록해두고 있는 상황을 고려하기로 한다. 이때, 소비자가 정보중간상을 이용하여 원하는 상품을 발견하고 거래하게 될 확률을 $m$으로 상정하기로 한다. 그러면, 정보중간상의 이윤함수는 다음과 같이 상정할 수 있다.

$$\Pi = mS - P \quad (1)$$

이 식에서 S는 각 공급자의 거래발생시 잉여이며, 본 모형의 독점 정보중간상은 이들 잉여를 모두 획득하게 된다. 또한, P는 정보중간상이 소비자 정보를 수집하기 위한 반대급부로 제공하는 금전 및 비금전적 서비스의 재무적 환산치를 의미한다. 예를 들어 회원전용 컨텐츠 혹은 저장공간, 할인권 등이 포함된다.

정보중간상의 정보중개 비용은 결과 해석상 일반화에 문제가 없으므로 *0*으로 간주하였으며, 끝으로, 우등 정보중간상일 사전확률(Prior probability)은 관례대로 ρ로 상정하였다.

## 2. 소비자

소비자는 자신의 정보를 정보중간상에게 제공할 때 일정한 지각위험을 느끼게 되는데, 이를 C로 반영하였다. 또한, 소비자가 정보중간상을 통해 원하는 상품을 찾아내고 거래하게 될 경우 얻는 효익을 V로 상정하였다. 따라서, 열등 정보중간상과 우등 정보중간상을 이용하는 소비자의 효용은 다음과 같이 상정할 수 있다.

$$U = mV - C(I) + P \quad (2)$$

## 3. 주요 가정

본 모형에서는 신호전송(信號傳送) 분석을 위하여 다음의 조건을 가정하였다.

(A1) $\qquad\qquad mV - C(I) < 0$

(A2) $\qquad\qquad C' < 0$

　(A1)은 소비자가 정보중간상으로부터 얻는 가치(양의 효용)가 개인정보 제공으로 인한 위험지각(음의 효용)보다 작은 상황이라는 가정이며, (A2)는 정보중간상의 정보보호 관련 투자가 증가하면 소비자가 개인정보 제공 시 체감하는 위험지각이 감소한다는 가정이다.

## 4. 변수에 대한 실명

본 모형에서 사용되는 변수들을 설명하면 다음 <표 8-1>과 같다.

<표 8-1> 변수 정리(고객정보보호의 성실성 신호전송모형)

$U$ : 정보중간상을 이용하는 소비자의 효용
$\Pi$ : 정보중간상의 이윤
$P$ : 정보중간상이 소비자에게 지불하는 소비자정보 구입가격
$I$ : 소비자가 지각하는 정보중간상의 정보보호 관련 투자
$m$ : 공급자의 평균 거래성사(match) 가능성
$V$ : 거래발생시 소비자의 효익
$C(I)$ : 소비자정보 제공으로 인한 지각위험(정보제공 관련 비용)
$S$ : 거래발생시 공급자의 잉여(정보중간상에 수수료로 제공됨)
$0^{**}$ : 균형

## 5. 게임 진행 단계

　게임진행단계는 다음과 같다. 우선 1기의 게임진행은 다음과 같이 이루어진다. 1단계로, 서비스 역량이 알려져 있는 정보중간상이 I만큼 정보보호에 투자하고 소비자가 C(I)정도의 개인

정보 제공 관련 비용만 부담하면 될 것이라는 점을 확언한 후 소비자에게 소비자정보 구입가격 P를 제시한다.

2단계로 소비자는 정보중간상이 제시한 P를 토대로 정보중간상이 소비자 정보보호와 관련된 불성실 행위를 할지 여부에 대한 믿음을 갱신한 후 개인정보를 제공할지 여부를 결정하게 된다.

3단계에서는, 앞 단계에서의 소비자 행동에 따라 공급자와 소비자 사이의 거래성사가 이루어지고 각 경기자의 잉여가 실현되어 분배된다. 2기부터는 1기초의 정보보호 관련 투자 행동을 제외하고는 1기와 동일한 게임이 무한히 반복된다.

각 기간의 게임 구조를 단면적으로 살펴보면 [그림 8-1]과 같이 나타난다.

[그림 8-1] 각 기간별 게임의 구조

|  | | 소비자 | |
|---|---|---|---|
|  | | 개인정보 제공 | 개인정보 非제공 |
| 정보<br>중간상 | 성실<br>(**H**onest) | $(\Pi, U)$ | $(0,0)$ |
|  | 불성실<br>(**C**heat) | $(\Pi + G, U - G)$ | $(0,0)$ |

단, 여기서 G는 불성실(Gheat) 시 정보중간상의 외부추가수익(소비자의 추가 비용)이고, I는 매몰비용(Sunk Cost)이 된다.

# 제3절 분석 및 결과

본 모형에서는 무한반복게임에서 가장 많이 사용되는 주요 균형 중 하나인 촉발전략균형(Trigger strategy equilibrium)을 도출하기로 한다(Gibbons 1993).

우선 (2)로부터 정보중간상은 소비자로 하여금 정보를 제공할 수 있게 하는 하한 이상을 소비자에게 제공할 유인이 없으므로 균형에서의 소비자 정보 구매가격은 다음과 같이 결정된다.

$$P^* = C(I) - mV \qquad (3)$$

(3)을 (1)에 대입하면 다음을 얻는다.

$$\Pi = mS - \{C(I) - mV\} \qquad (4)$$

정보중간상이 성실하게 소비자의 정보보호를 위해 노력할 때(**H**onest)와 불성실하게 소비자의 정보를 누출시킬 때(**C**heat) 각각 얻게 되는 미래수익의 현재가치는 순서대로 다음과 같다.

$$V_H = \Pi + \delta\Pi + \delta^2\Pi + \Lambda \qquad (5)$$

$$V_C = \{\Pi + G\} + \delta 0 + \delta^2 0 + \Lambda \qquad (6)$$

(5), (6)으로부터 정보중간상이 성실하게 소비자 정보보호를 하게 되는 조건을 이끌어내면 다음과 같은데,

$$V_H \geq V_C \quad (7)$$

(7)에 (1)을 대입하여 정리하면 다음과 같고,

$$P^*(I) \leq mS - \frac{1-\delta}{\delta} G (\equiv \Gamma^{**}) \quad (8)$$

(7)에 (4)를 대입하여 정리하면 다음과 같다.

$$C^*(I) \leq m(S+V) - \frac{1-\delta}{\delta} G (\equiv K^{**}) \quad (9)$$

*결과 1.* *정보중간상에 연결된 공급자의 평균 거래성사 확률(m)이 높아질수록, 공급자로부터의 중개수수료(S)가 증가할수록 정보중간상이 성실성을 신호전송 하기 위한 필요투자수준이 낮아진다.*

$$(proof) \quad \frac{\partial K^{**}}{\partial m} = S + V > 0 \,,$$

$$\frac{\partial K^{**}}{\partial S} = m > 0 \qquad\qquad Q.E.D.$$

직관적으로, 이 결과는 정보중간상의 정보중개 역량이 클수록 미래 예상수익이 커지고 불성실 행위의 대가가 커지므로 소비자가 정보중간상이 소비자 정보보호와 관련된 불성실 행위를 하지 않을 것이라는 성실성을 신호전송 하는데 필요한 투자수준은 낮아지게 된다.

이는 다시 말해, 정보중개 서비스 역량이 낮은 정보중간상이 정보보호 관련 성실성을 소비자에게 인정 받기 위해서는 더 많은 투자가 필요하다는 사실을 의미한다.

*결과 2. 미래수익에 대한 할인인자($\delta$)가 증가할수록 정보중간상이 성실성을 신호전송 하기 위한 필요투자수준이 낮아진다.*

$$\textit{(proof)} \quad \frac{\partial K^{**}}{\partial \delta} = \frac{G}{\delta^2} > 0 . \qquad\qquad \textbf{\textit{Q.E.D.}}$$

이런 결과를 좋고 직관적으로 본다면, 미래수익이 커질수록 정보중간상이 소비자에게 제공하는 일종의 볼모(Hostage) 가치가 높아지므로 정보중간상이 성실성을 인정 받기 위해 지출해야 하는 투자 하한은 낮아지게 되는 것이다.

*결과 3. 정보중간상이 불성실하게 소비자 정보를 누출시켜서 얻을 수 있는 외부추가수익(G)이 커질수록 정보중간상이 성실성을 신호전송 하기 위한 필요투자수준이 높아진다.*

$$\textit{(proof)} \quad \frac{\partial K^{**}}{\partial G} = \frac{\delta - 1}{\delta} < 0 . \qquad\qquad \textbf{\textit{Q.E.D.}}$$

이러한 결과는 외부기관의 활용가치가 높은 정보일수록, 외부기관의 개인정보 활용능력이 높아질수록 정보중간상이 자신의 성실성을 신호전송 하기 위해 필요한 투자수준이 높아진다는 사실을 의미한다. 따라서, 최근과 같은 고도화된 정보기술 환경일수록 활용가치가 높은 소비자의 핵심정보를 얻기 위해 성실성을 신호전송 하는데 필요한 투자수준은 점점 더 높아지게 될 것임을 예측할 수 있다.

또한, 소비자 정보보호 관련 법률 등 소비자 정보누출에 대한 제3자 기관을 통한 통제는 외부추가수익을 낮춤으로써 결과적으로 정보중간상이 성실성을 신호전송 하기 위해 필요한 투자수준을 낮추는 효과를 가져오게 된다.

***결과 4. 정보중간상을 통한 거래성사 시 소비자가 체감하는 가치(V)가 커질수록 정보중간상이 성실성을 신호전송 하기 위한 필요투자수준이 낮아진다.***

**(proof)** $\dfrac{\partial K^{**}}{\partial V} = m > 0$　　　　　　　　　***Q.E.D.***

이러한 결과는 Goodwin(1991)이 지적한 바와 같이 소비자가 정보공개로 얻는 혜택이 충분히 클 경우 자발적으로 개인정보를 제공할 수도 있다는 사실과 같은 맥락으로 볼 수 있다.

즉, 소비자가 정보공개를 통해 얻는 혜택이 커질수록 개인정보 누출로 인한 사생활 침해 가능성과 관련된 위험지각의 상대적 수준이 낮아지므로 정보보호와 관련된 성실성을 신호전송 해야 하는 필요성도 줄어들기 때문이라고 이런 결과를 이해할 수 있다.

# 제4절 논의 및 시사점

## 1. 연구의 요약 및 시사점

본 모형은 온라인 거래환경에서의 신뢰의 중요성, 개념 및 영향 요인 등에 관한 기술적 연구를 중심으로 하는 기존연구(Hoffman et al. 1999, Cheskin Research 1999, 윤성준 2000)에 비해 정보중간상이 소비자에게 정보보호 관련 신뢰(성실성)를 어떻게 알릴 것인지에 대한 규범적 연구를 하고 있다는 면에서 차이가 있다.

또한, "상품으로서의 정보"를 모형화 했다는 점에서도 고객의 정보가 가지는 가치에 대한 인식이 사회적으로 확산되는 조류에 비추어볼 때 본 모형이 가지는 차별점으로 꼽을 수 있다고 생각되며, 이런 맥락에서의 연구는 확장의 여지가 있다고 생각된다.

본 모형이 제시하는 결과는 다음과 같이 정리할 수 있다.

- 정보중간상의 정보중개 역량이 클수록 미래 예상수익이 커지고 불성실 행위의 대가가 커지므로 소비자가 정보중간상이 소비자 정보보호와 관련된 불성실 행위를 하지 않을 것이라는 성실성을 신호전송 하는데 필요한 투자수준은 낮아지게 된다. 다시 말해, 정보중개 서비스 역량이 낮은 정

보증간상이 정보보호 관련 성실성을 소비자에게 인정 받기 위해서는 더 많은 투자가 필요하다는 사실을 의미한다.

- 외부기관의 활용가치가 높은 정보일수록, 외부기관의 개인정보 활용능력이 높아질수록 정보중간상이 자신의 성실성을 신호전송 하기 위해 필요한 투자수준이 높아지게 된다. 따라서, 최근과 같은 고도화된 정보기술 환경일수록 활용가치가 높은 소비자의 핵심정보를 얻기 위해 성실성을 신호전송 하는데 필요한 투자수준은 점점 더 높아지게 될 것임을 예측할 수 있다. 단, 소비자 정보보호 관련 법률 제정 등 소비자 정보누출에 대한 제3자 기관의 통제 강화는 외부 추가수익을 낮춤으로써 결과적으로 정보중간상이 성실성을 신호전송 하기 위해 필요한 투자수준을 낮추는 효과를 가져올 수 있게 된다.

- 결국 정보중간상의 미래수익이 커질수록 불성실 행위 시 잃게 되는 일종의 볼모(Hostage) 가치가 커지는 것이므로 정보중간상이 성실성을 인정 받기 위해 지출해야 하는 투자 하한은 낮아지게 된다.

## 2. 연구의 한계 및 향후 연구 방향

본 모형이 가지는 한계점별로 향후의 연구 방향을 제시하면 다음과 같다. 우선, 본 모형에서는 소비자가 정보중간상의 정보중개 서비스 역량에 대해 완전한 정보를 보유하고 있다고 가정하고 있는데, 소비자 정보보호와 관련된 정보중간상의 도덕적 해이(Moral hazard) 외에도 이러한 서비스 역량에 대한 정보비대칭성의 모형화가 필요할 것이다.

다음으로, 본 모형은 누적된 경험의 결과인 신뢰(Cheskin Research 1999)를 얻기 위한 첫 번째 단계인 초기 관계 형성에만 초점을 맞추고 있는데, 관계의 안정화를 통한 신뢰의 확인 단계에 대한 연구가 필요할 것이다.

또한, 정보중간상이 소비자 정보보호와 관련된 불성실 행위로 얻을 수 있는 외부추가수익의 원인 요인에 대한 확장 연구가 이루어진다면 바람직할 것이다.

끝으로, 거짓 정보 제공 등과 같은 소비자의 도덕적 해이와 관련한 추가 연구가 가능할 것이며, 본 모형에서 제시한 이론적 예측과 관련된 실증연구도 가능할 것이다.

# 제9장 실증 연구

## 제1절 실증 모형의 설계

### 1. 연구가설의 설정

본 장의 실증 연구에서는 앞에서 게임이론적 연구방법론에 입각하여 개발한 온라인 정보중간상의 서비스 역량과 고객정보 보호의 성실성에 대한 정보비대칭성 문제 해소를 위한 신호전송 모형이 현실적 타당성을 가지고 있는지 여부를 검증하였다.

1) 서비스 역량(Competence) 신호전송 관련 연구가설의 설정

(1) 정보중간상의 역량($m_H$)→ 적정 정보구매가격($P_H^{F.B.}$) 관련 가설

<가설 1>

정보중간상의 역량이 소비자에게 알려져 있는 상황에서 정보중간상을 통한 거래성사 가능성($mH$)이 높을수록 소비자가 개인정보 제공 시 받아야 한다고 느끼는 적정 정보구매가격($PHF.B.$)이 낮을 것이다.

본 연구에서는 전술한 6장의 서비스 역량 신호전송모형에서 제시된 <결과 1>을 토대로 위의 <가설 1>을 구성하였다. 소비자는 반대급부의 형태와 수준에 따라서 개인정보 및 사생활 침해의 위험을 감수할 수도 있다고 볼 수 있으므로(Sheehan and Hoy 2000; McKim 2001), 온라인 정보중간상을 통한 거래성사 가능성($m_H$)이 커질수록 게임의 균형에서 정보중간상이 제시하는 정보 구매가격($P_H^{F.B.}$)이 낮아진다는 6장(서비스 역량 신호전송모형)의 <결과 1>의 의미에 따라 위의 <가설 1>을 상정하는 것은 자연스럽다고 생각된다.

(2) 소비자의 위험지각($C$)→적정 정보구매가격($P_H^{F.B.}$) 관련 가설

<가설 2>

정보중간상의 역량이 소비자에게 알려져 있는 상황에서 소비자의 개인정보 및 사생활 침해 관련 위험지각 수준($C$)이 높을수록 소비자가 개인정보 제공 시 받아야 한다고 느끼는 적정 정보구매가격($P_H^{F.B.}$)이 높을 것이다.

본 연구에서는 전술한 6장의 서비스 역량 신호전송모형에서 제시된 <결과 2>를 토대로 위의 <가설 2>를 구성하였다. 소비자는 개인정보 및 사생활 침해와 관련된 위험지각의 수준이 높을수록 개인정보 제공의도가 낮아지므로(Phelps et al. 2000), 온라인 정보중간상에의 회원가입 시에 체감하는 개인정보 및 사생활 침해 관련 위험지각 수준($C$)이 높을수록 게임의 균형에서 온라인 정보중간상이 제시하는 정보 구매가격($P_H^{F.B.}$) 즉 "회원전용 부가서비스 혜택"이 낮아진다는 6장(서비스 역량 신호전송모형)의 <결과 2>의 의미에 따라 위의 <가설 2>를 상정할 수 있다.

(3) 정보구매가격($P_H^*$)→지각된 서비스 역량($m_H$) 관련 가설

<가설 3>

역량 수준이 알려지지 않은 정보중간상이 소비자에게 정보구매가격(회원전용 부가서비스 혜택 수준, $P_H^*$)을 높게 제시할수록 소비자는 해당 정보중간상을 통한 거래성사 가능성($m_H$)을 높게 지각할 것이다.

본 연구에서는 전술한 6장의 서비스 역량 신호전송모형에서 제시된 <결과 3>을 토대로 위의 <가설 3>을 구성하였다.

Kirmani and Wright(1989)는 광고비용이 소비자의 품질지각에 미치는 영향을 연구하면서 Bem(1972)과 Weiner(1986)의 자기지각이론(Self perception theory)에서 제시한 바와 같이 "지각된 노력(Perceived effort)"이 성공가능성의 핵심적인 지표가 된다는 사실에 착안하여 기업의 "광고비용지출이 의미하는 노력의 정도"가 소비자에게 성공가능성의 지표가 될 수 있다는 사실을 가설화하여 실증하였다. 본 연구에서는 Kirmani and Wright(1989)가 기본귀인(Default attribution)으로 가정한 "노력(Effort)"→"미래수익(Sales potential) 확신"의 과정과 광고비용이 지나치게 과도하게 지각되지 않는 한도 내에서는 더 많은 광고 비용이 더 높은 품질을 신호한다는 결과를 받아들이기로 한다.

소비자가 정보중간상의 서비스 역량을 잘 알지 못하는 상황에서는 우등 정보중간상일수록 더 높은 정보구매가격을 소비자에게 제시하여 자신의 역량에 대한 신호를 전송하고 소비자는 더 높은 정보구매가격(즉, 회원전용 부가서비스 혜택)을 제시하는 정보중간상일수록 더 낮은 역량을 지닌 것으로 판단한다는 6장(서비스 역량 신호전송모형 연구)의 <결과 3>의 의미에 따라

위의 <가설 3>을 상정하는 것은 자연스럽다고 할 수 있다.

이상의 가설과 전술한 6장의 결과 간의 관계는 다음 <표 9-1>에 요약되어 있다.

<표 9-1> 이론연구 vs. 실증가설 대응(서비스 역량)

| "서비스 역량 신호전송모형"의 이론연구 결과 (6장 참조) | 서비스 역량 신호전송 관련 실증연구 가설 |
| --- | --- |
| <결과 1> 정보대칭 시 우등 정보중간상에 연결된 공급자의 거래성사 가능성($m_H$)이 커질수록 우등 정보중간상의 1st Best 정보구매가격이 낮아진다. | <가설 1> 정보중간상의 역량이 소비자에게 알려져 있는 상황에서 정보중간상을 통한 거래성사 가능성($m_H$)이 .높을수록 소비자가 개인정보 제공 시 받아야 한다고 느끼는 적정 정보구매가격($P_H^{F.B.}$)이 낮을 것이다. |
| <결과 2> 정보대칭 시 소비자 정보 제공 시에 체감하는 소비자의 위험지각 수준(C)이 높아질수록 우등 정보중간상의 1st Best 정보구매가격이 높아진다. | <가설 2> 정보중간상의 역량이 소비자에게 알려져 있는 상황에서 소비자의 개인정보 및 사생활 침해 관련 위험지각 수준($C$)이 높을수록 소비자가 개인정보 제공 시 받아야 한다고 느끼는 적정 정보구매가격($P_H^{F.B.}$)이 높을 것이다. |
| <결과 3> 분리균형(Separating Equilibrium)에서 우등 정보중간상은 소비자 정보에 대해 過多지급(overpaying)함으로써 자신이 우등 정보중간상이라는 신호를 소비자에게 보내고 소비자는 이를 보고 우등 정보중간상임을 믿게 된다. | <가설 3> 역량 수준이 알려지지 않은 정보중간상이 소비자에게 정보구매가격(회원전용 부가서비스 혜택 수준, $P_H^*$)을 높게 제시할수록 소비자는 해당 정보중간상을 통한 거래성사 가능성($m_H$)을 높게 지각할 것이다. |

| "서비스 역량 신호전송모형"의 이론연구 결과 (6장 참조) | 서비스 역량 신호전송 관련 실증연구 가설 |
|---|---|
| <결과 4><br>정보비대칭 상황에서는 열등 정보중간상에 연결된 공급자의 거래성사 가능성($m_L$)이 높아질수록 우등 정보중간상의 정보구매가격($P_H^*$)이 높아진다. | <가설화하지 않음><br>엄밀한 실증분석을 위한 조작 및 측정이 곤란하여 가설화하지 않음. |
| <결과 5><br>우등 혹은 열등 정보중간상에 등록된 공급자의 거래성사 가능성(순서대로 $m_H$, $m_L$)이 높아질수록, 우등 정보중간상이 정보비대칭 시에 자신의 역량을 신호전송(信號傳送) 하기 위해 제시하는 정보구매가격이 정보대칭 상황에서의 $1^{st}$ Best 정보구매가격 수준에서 멀어지게 된다. | <가설화하지 않음><br><가설 3>의 결과를 통해 간접적으로 확인할 수 있으며 엄밀한 실증분석을 위한 조작 및 측정이 곤란하여 가설화하지 않음. |

## 2) 고객정보보호의 성실성 신호전송 관련 연구가설의 설정

### (1) 정보중간상의 역량 ($m$)→적정 정보보호투자 수준($I^*$) 관련 가설

| <가설 4> |
|---|
| 정보중간상의 역량이 소비자에게 알려져 있는 상황에서 정보중간상을 통한 거래성사 가능성($m$)이 높을수록 소비자가 개인정보 제공 시 정보중간상이 투자해야 한다고 느끼는 적정 정보보호 관련 투자 수준($I^*$)이 낮을 것이다. |

본 연구에서는 7장의 고객정보보호의 성실성 신호전송모형에서 제시된 <결과 1>을 토대로 위의 <가설 4>를 구성하였다. 소비자에게 알려져 있는 정보중간상의 서비스 역량 수준($m$)이 높다는 사실은 정보누출 등의 불성실 행위 시에 잃게 되는 미래수익 등 "볼모(Bond)"가 커지는 셈이 되므로(Klein and Leffler 1981; Kirmani and Rao 2000), 정보중간상을 통한 거래성사 가능성($m$)이 높을수록 게임의 균형에서 정보중간상이 선행적으로 투자하는 정보보호 관련 투자 수준($I^*$)이 낮아진다는 7장(고객정보보호의 성실성 신호전송모형)의 <결과 1>의 의미에 따라 위의 <가설 4>을 상정할 수 있다.

(2) 고객정보누출 기회수익($G$)→적정 정보보호투자($I^*$) 관련 가설

<가설 5>

정보중간상의 역량이 소비자에게 알려져 있는 상황에서 정보중간상이 불성실하게 소비자 정보를 누출시켜 얻을 수 있는 비정상수익($G$)이 클수록 소비자가 개인정보 제공 시 정보중간상이 투자해야 한다고 느끼는 적정 정보보호 관련 투자 수준($I^*$)이 높을 것이다.

본 연구에서는 7장의 고객정보보호의 성실성 신호전송모형에서 제시된 <결과 3>을 토대로 위의 <가설 5>를 구성하였다. 기본 신뢰가 형성되지 않은 상태에서는 계산(Calculation)의 과정을 통해 신뢰성(Trustworthiness) 수준을 판단하게 되는데(Klein and Leffler 1981; Dyer and Chu 2000) 성실한 정보보호 행위에 상대되는 불성실 행위의 대가가 커지는 것은 계산적 신뢰(Calculative trust)를 얻기 위해 제시해야 하는 볼모(Bond)로서의 투자 수준

이 높아져야 한다(Kirmani and Rao 2000)는 사실을 시사한다. 이러한 맥락에서 고객정보보호에 대한 성실성을 유지하지 않고 고객정보누출에 의해 얻을 수 있는 비정상적인 기회수익($G$)이 클수록 게임의 균형에서 정보중간상이 선행적으로 투자하는 정보보호 관련 투자 수준($I^*$)이 높아진다는 7장(고객정보보호의 성실성 신호전송모형)의 <결과 3>의 의미에 따라 위의 <가설 5>를 상정하는 것은 자연스럽다고 할 수 있다.

(3) 거래성사 시 소비자 효용($V$)→적정 정보보호투자($I^*$) 관련 가설

<가설 6>

정보중간상의 역량이 소비자에게 알려져 있는 상황에서 정보중간상을 통한 거래성사시의 소비자 효용수준($V$)이 높을수록 소비자가 개인정보 제공 시 정보중간상이 투자해야 한다고 느끼는 적정 정보보호 관련 투자 수준($I^*$)이 낮을 것이다.

본 연구에서는 7장의 고객정보보호의 성실성 신호전송모형에서 제시된 <결과 4>를 토대로 위의 <가설 6>을 구성하였다. 소비자는 정보공개로 얻는 혜택이 충분히 클 경우 자발적으로 개인정보를 제공할 수도 있으므로(Goodwin 1991; McKim 2001), 정보중간상을 통해 공급자와 거래성사 시 소비자가 체감하는 가치($V$)가 클수록 게임의 균형에서 정보중간상이 선행적으로 투자하는 정보보호 관련 투자 수준($I^*$)이 낮아진다는 7장(고객정보보호의 성실성 신호전송모형)의 <결과 4>의 의미에 따라 위의 <가설 6>을 상정할 수 있다.

이상의 가설과 전술한 7장의 결과 간의 관계는 다음 <표 9-2>에 요약되어 있다.

**<표 9-2> 이론연구 vs. 실증가설 대응(고객정보보호의 성실성)**

| 고객정보보호의 성실성 신호전송 관련 이론연구 결과(7장 참조) | 고객정보보호의 성실성 신호전송 관련 실증연구 가설 |
| --- | --- |
| <결과 1><br>정보중간상에 연결된 공급자의 평균 거래성사 확률($m$)이 높아질수록, 공급자로부터의 중개수수료($S$)가 증가할수록 정보중간상이 성실성을 신호전송 하기 위한 필요투자수준이 낮아진다. | <가설 4><br>정보중간상의 역량이 소비자에게 알려져 있는 상황에서 정보중간상을 통한 거래성사 가능성($m$)이 높을수록 소비자가 개인징보 제공 시 정보중간상이 투자해야 한다고 느끼는 적정 정보보호 관련 투자 수준($I^*$)이 낮을 것이다. |
| <결과 2><br>미래수익에 대한 할인인자($\delta$)가 증가할수록 정보중간상이 성실성을 신호전송 하기 위한 필요투자수준이 낮아진다. | <가설화하지 않음><br>엄밀한 실증분석을 위한 조작 및 측정이 곤란하여 가설화하지 않음. |
| <결과 3><br>정보중간상이 불성실하게 소비자 정보를 누출시켜서 얻을 수 있는 외부추가수익($G$)이 커질수록 정보중간상이 성실성을 신호전송 하기 위한 필요투자수준이 높아진다. | <가설 5><br>정보중간상의 역량이 소비자에게 알려져 있는 상황에서 정보중간상이 불성실하게 소비자 정보를 누출시켜 얻을 수 있는 비정상수익($G$)이 클수록 소비자가 개인정보 제공 시 정보중간상이 투자해야 한다고 느끼는 적정 정보보호 관련 투자 수준($I^*$)이 높을 것이다. |
| <결과 4><br>정보중간상을 통한 거래성사 시 소비자가 체감하는 가치($V$)가 커질수록 정보중간상이 성실성을 신호전송 하기 위한 필요투자수준이 낮아진다. | <가설 6><br>정보중간상의 역량이 소비자에게 알려져 있는 상황에서 정보중간상을 통한 거래성사 시의 소비자 효용수준($V$)이 높을수록 소비자가 개인정보 제공 시 정보중간상이 투자해야 한다고 느끼는 적정 정보보호 관련 투자 수준($I^*$)이 낮을 것이다. |

## 2. 연구가설 검증방식의 선정

### 1) 서비스 역량(Competence) 신호전송 관련 연구가설의 검증 방식

서비스 역량 신호전송 관련 연구가설의 검증 모형은 Kirmani and Wright(1989) 등의 신호전송 선행연구에서 많이 사용해온 실험 방식과 Erdem and Swait(1998) 등의 신호전송 선행연구에서 사용해온 설문 방식 중 활용 본 모형의 가설검증에서 사용 가능한 방식을 최대한 적용하는 것을 원칙으로 하여 설계하였다.

이에 따라 <가설 1>과 <가설 2>는 설문 방식에 의한 회귀분석을 기본검증방식으로 삼고 <가설 1>에 대해서는 실험 방식의 적용도 가능하므로 보완적으로 집단 내 설계 방식의 실험을 통해 재검증하였다.

<가설 3>은 정보비대칭 상황에서 소비자에 대한 설문 방식의 적용이 곤란하므로, Kirmani and Wright(1989), Kirmani(1990) 등의 전통에 따라 실험 방식에 의하여 검증을 시도하였다. 이때 엄밀한 검증을 위해 집단간 설계 방식에 의한 검증을 기본 검증방식으로 삼고 집단 내 설계 방식의 실험을 통해 재검증하였다.

이러한 검증방식은 다음의 <표 9-3>에 요약되어 있다.

<표 9-3> 서비스 역량 관련 연구가설의 검증 방식

| 연구가설 | 실증 방법 | | | |
|---|---|---|---|---|
| | 단순<br>회귀<br>분석 | 다중<br>회귀<br>분석 | 실험<br>(집단間) | 실험<br>(집단內) |
| <가설 1> 정보중간상의 역량이 소비자에게 알려져 있는 상황에서 정보중간상을 통한 거래성시 가능성($m_H$)이 높을수록 소비자가 개인정보 제공 시 받아야 한다고 느끼는 적정 정보구매가격($P_H^{F.B.}$)이 낮을 것이다. | O | O | | O<br>(실험2) |
| <가설 2> 정보중간상의 역량이 소비자에게 알려져 있는 상황에서 소비자의 개인정보 및 사생활 침해 관련 위험지각 수준($C$)이 높을수록 소비자가 개인정보 제공 시 받아야 한다고 느끼는 적정 정보구매가격($P_H^{F.B.}$)이 높을 것이다. | O | O | | |
| <가설 3> 역량 수준이 알려지지 않은 정보중간상이 소비자에게 정보구매가격(회원전용 부가서비스 혜택 수준, $P_H^{*}$)을 높게 제시할수록 소비자는 해당 정보중간상을 통한 거래성사 가능성($m_H$)을 높게 지각할 것이다. | | | O<br>(실험1) | O<br>(실험3) |

주) 음영부분이 기본 검증 방식임.

## 2) 고객정보보호의 성실성 신호전송 관련 연구가설의 검증 방식

고객정보보호의 성실성 신호전송 관련 연구가설의 검증 모형 역시 서비스 역량 신호전송 관련 연구가설의 검증 모형과 마찬가지로 Kirmani and Wright(1989) 등의 신호전송 선행연구에서 많이 사용해온 실험 방식과 Erdem and Swait(1998) 등의 신호전송 선행연구에서 사용해온 설문 방식 중 활용 본 모형의 가설검증에서 사용 가능한 방식을 최대한 적용하는 것을 원칙으로 하여 설계하였다.

이에 따라 <가설 4>, <가설 5>, <가설 6> 모두 설문 방식에 의한 회귀분석이 가능하므로 이를 기본검증방식으로 삼고 <가설 5>에 대해서는 실험 방식의 적용도 가능하므로 보완적으로 집단 내 설계 방식의 실험을 통해 재검증하였다. 참고로 <가설 4>에 대해서도 <가설 5>와 마찬가지로 보완적인 실험설계가 가능하였으나 표본 확보의 한계점을 고려하여 <가설 1>에 대한 실험조작과 겹치게 되어 <가설 5>에 대한 실험 설계는 실시하지 않았다.

<가설 3>은 정보비대칭 상황에서 소비자에 대한 설문 방식의 적용이 곤란하므로, Kirmani and Wright(1989), Kirmani(1990) 등의 전통에 따라 실험 방식에 의하여 검증을 시도하였다. 이때 엄밀한 검증을 위해 집단간 설계 방식에 의한 검증을 기본검증방식으로 삼고 집단 내 설계 방식의 실험을 통해 재검증하였다.

이러한 검증방식은 다음의 <표 9-4>에 요약되어 있다.

<표 9-4> 고객정보보호의 성실성 관련 연구가설의 검증 방식

| 연구가설 | 실증 방법 | | |
|---|---|---|---|
| | 단순 회귀 분석 | 다중 회귀 분석 | 실험 (집단 內) |
| <가설 4> 정보중간상의 역량이 소비자에게 알려져 있는 상황에서 정보중간상을 통한 거래성사 가능성($m$)이 높을수록 소비자가 개인정보 제공 시 정보중간상이 투자해야 한다고 느끼는 적정 정보보호 관련 투자 수준($I^*$)이 낮을 것이다. | O | O | |

| 연구가설 | 실증 방법 | | |
|---|---|---|---|
| | 단순 회귀 분석 | 다중 회귀 분석 | 실험 (집단 內) |
| <가설 5> 정보중간상의 역량이 소비자에게 알려져 있는 상황에서 정보중간상이 불성실하게 소비자 정보를 누출시켜 얻을 수 있는 비정상수익($G$)이 클수록 소비자가 개인정보 제공 시 정보중간상이 투자해야 한다고 느끼는 적정 정보보호 관련 투자 수준($I^*$)이 높을 것이다. | O | O | O (실험4) |
| <가설 6> 정보중간상의 역량이 소비자에게 알려져 있는 상황에서 정보중간상을 통한 거래성사 시의 소비자 효용수준($V$)이 높을수록 소비자가 개인정보 제공 시 정보중간상이 투자해야 한다고 느끼는 적정 정보보호 관련 투자 수준($I^*$)이 낮을 것이다. | O | O | |

주) 음영부분이 기본 검증 방식임.

# 3. 실증 조사 설계

## 1) 예비 조사

### (1) 실증대상 업종 선정

우선 실증연구대상 업종을 선택하기 위한 예비조사가 실시되었다. 선정기준은 ① 실험 및 설문 참여자들에게 비교적 알려져 있는 정보중간상의 일종이고 ② 연결되어 있는 공급자에 따라 정보중간상을 통한 거래성사 가능성 조작이 가능해야 하며 ③ 정보비대칭성의 조작이 가능하도록 신규 진입 사례가 있어야 하고 ④ 관심을 가진 조사대상자를 용이하게 구할 수 있어야 한다는 점을 고려하였다. 9명의 대학원생을 대상으로 평가해본 결과 온라인 채용정보 서비스 업종이 위의 기준을 골고루 충족시키는 것으로 나타나 본 연구의 실증대상 업종으로 선정하였다.

(2) 실험조작변수 및 수준 선정

실험자극으로 제시하는 업체명은 Keller and Aaker(1992), 전성률(1999) 등의 연구와 마찬가지로 가상의 업체명을 실험대상으로 사용하기로 하였다. 가상업체명은 현실성이 떨어진다는 단점이 있지만 실제로 존재하는 업체명을 사용할 때 나타날 수 있는 각종 연상작용에 따른 혼돈효과(Confounding effect)를 예방할 수 있다는 장점이 있다. 특히 <실험 1>의 정보비대칭 상황에서는 가상의 업체명을 사용하는 것이 유리함은 자명하다. 사전조사를 통해 도출된 가상의 업체 명에 대하여 추가 사전조사를 통해 우선순위를 설정하여 본 조사에 반영하였다.

다음으로 실험조작을 위한 조작변수의 선정과 각 조작변수의 수준 결정을 위하여 추가 예비조사를 실시하여 설계에 반영하였다. 예를 들어, Kirmani and Wright(1989)가 제시한 신호전송의 간섭요인인 "과잉투자(Excessiveness)"에 기인하는 "절박성(Desperation)"과 "무담보성(No pain)" 현상이 발생하지 않는 항목과 각 항목의 적절한 조작 범위를 결정하는데 주의를 기울여 본 실험설계에 반영하였다.

## 2) 조사 설계

본 연구의 조사는 상호간섭효과가 발생할 개연성이 있는 회귀분석 및 실험은 분리하여 실시하고 그렇지 않은 조사는 제한된 표본 내에서의 설명력(Power) 제고를 위하여 묶어서 실시하였다.

본 연구의 <가설 1>, <가설 2>, <가설 4>, <가설 5>, <가설 6>의 검증은 <가설 3>의 연구상황인 정보비대칭과는 달리 소비자가 정보대칭 상황에서 행하는 의사결정과정을 조사하고 있으므로 설문의 순서효과가 최소화될 수 있도록 질문 순서를 조정한 후 일괄적으로 조사하였다.

본 연구의 <가설 3>의 검증은 소비자가 인터넷 채용정보 사이트의 특성에 대해 내재적 단서를 전혀 가지고 있지 않은 정보비대칭 상황을 상정하고 있어 여타의 질문과 별도로 독립적인 실험을 통하여 조사하도록 실험을 설계하였다.

그 밖에, 실험방식을 통한 보완적 가설검증이 가능한 <가설 1>, <가설 5>에 대해서는 <가설 3>에 대한 예비적 검증을 위한 보완적 실험과 함께 집단 내 설계 형태의 실험을 통해 일괄적으로 조사하도록 실험을 설계하였다.

# 제2절 서비스 역량 신호전송 관련 가설검증

## 1. "역량", "소비자 위험지각"의 영향에 관한 회귀분석

본 연구에서는 <가설 1>과 <가설 2>를 검증하기 위해 가상의 인터넷 채용정보 사이트를 자극으로 제시한 후 "해당 사이트(정보중간상)의 역량 수준(Competence, $m_H$)", "개인정보 및 사생활 침해 관련 응답자의 위험지각 수준(C)"을 응답자 스스로 기입하도록 하여 독립변수로 활용하고, "해당 사이트에 대한 회원가입 시의 적정 회원전용혜택 수준($P_H^{F.B.}$)"을 기입하도록 하여 종속변수로 활용하여 단순회귀분석과 다중회귀분석을 순서대로 시행하였다.

### 1) 실험적 자극의 제시

본 연구에서 <가설 1>과 <가설 2>의 검증을 위한 설문에서 다음의 [그림 9-1]과 같은 형태로 실험적 자극을 제시한 후 질문을 통해 구성개념에 대한 측정을 실시하였다.

[그림 9-1] <가설 1>과 <가설 2> 관련 설문의 자극(예시)

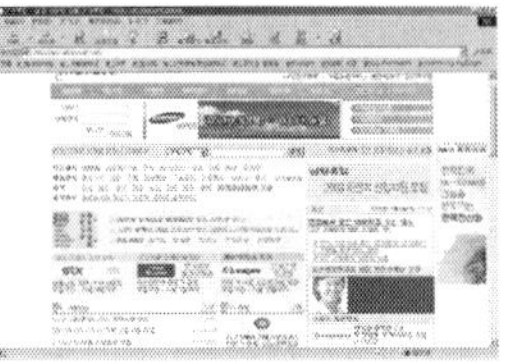

삼성전자(1개월 내 채용)
산업은행(1개월 내 채용)
피앤지(1개월 내 채용)
에스케이 텔레콤(1개월 내 채용)

---

### 사전 정보

"온라인 채용정보 사이트인 잡123(www.job123.co.kr)은 지난 1년 간의 실적에서 <u>국내 1위</u>의 자리를 지키고 있으며…" (전자신 문, 2003년 8월)

"국내 채용정보 사이트 중에서 잡123(www.job123.co.kr)이 구 인업체 연결 면에서 소비자가 <u>가장 선호</u>하는 것으로 조사되 었다고 한다…" (매일경제신문, 2003년 7월)

"소비자 만족도 및 거래 성사 실적 면에서 잡123(www.job123.co.kr) 이 국내 채용정보 사이트 중에서 <u>1위의 위치</u>를 고수하고 있으 며…" (조선일보, 2003년 9월)

---

## 2) 변수의 조작적 정의 및 측정

### (1) "정보중간상의 역량 수준($m_H$)"의 조작적 정의 및 측정

본 연구에서는 Sureshchandar et al.(2002)이 제시한 핵심 서비 스 품질(Core service quality)의 측정 항목과 본 연구의 사전조사 에서 소비자들이 정보중간상을 이용하는 양대 목적인 "공급자 연결"과 "정보검색" 항목을 기초로 3가지 측정항목에 대해 "전 혀 동의하지 않음(1)"에서 "전적으로 동의함(7)"의 리커트 7점 척도로 평가하였다. 세부 측정항목은 다음과 같다.

① 이 사이트는 내가 원하는 정보를 많이 가지고 있을 것이다.
② 이 사이트를 통해 내가 원하는 회사와 일(Job)을 구할 수 있을 것이다.
③ 이 사이트는 고품질의 서비스를 제공할 것이다.


(2) "개인정보·사생활 위험지각 수준($C$)"의 조작적 정의 및 측정

본 연구에서는 Sheehan and Hoy(2000), Phelps et al.(2000) 등에서 개인정보 및 사생활 침해 관련 우려 수준을 측정하기 위해 개발한 항목을 토대로 3가지 측정항목에 대해 "전혀 동의하지 않음(1)"에서 "전적으로 동의함(7)"의 리커트 7점 척도로 평가하였다. 세부 측정항목은 다음과 같다.

① 요즘 개인정보 및 사생활 침해 위험이 매우 심각하다고 느낀다.
② 인터넷 사이트에 개인정보를 제공하는 것은 매우 위험하다.
③ 개인정보 및 사생활 침해를 우려하여 인터넷 사이트 회원 가입을 안 한다.


(3) "회원가입 시의 적정 회원전용혜택 수준($P_H^{F.B.}$)"의 정의 및 측정

본 연구에서는 Monroe(1990, p.114)가 제시한 소비자 수용가격에 대한 직접 질문항목("Please indicate the price that would be most acceptable to pay: \$________")을 토대로 본 연구에 적합하도록 수정하여 단일 항목으로 직접 기입식 질문을 다음 <표 9-5>와 같이 제시하여 개인정보 제공 후 회원가입 시 소비자가 받아들이는 적정 정보구매가격(적정 회원전용 부가서비스 혜택) 요구 수준을 측정하였다. 참고로, 분석의 편의를 위하여 금액은 '만원'단위로 환산하여 분석하였다.

<표 9-5> 회원가입 시의 적정 회원전용혜택 수준($P_H^{F.B.}$) 질문(예)

---

귀하께서는 위 사이트(잡123, www.job123.co.kr)에서 <u>어느 정도의 회원전용 부가 서비스 혜택(할인권, 경품, 각종 서비스 등)을 제시한다면</u> 귀하의 개인정보(이름, 주민등록번호, 휴대폰 번호, 이메일 주소)를 제공하고 회원으로 가입하는데 적당하다고 느끼십니까? (참고: 정보통신부 조사 결과, <u>기업이 체감하는 소비자 1인의 개인정보 가치는 "평균 2만원" 수준</u>)

|  |  |
|---|---|
| 무조건<br>가입<br>하겠다 | 무조건<br>가입하지<br>않겠다 |
| ☐    ________원 정도의 혜택이면 적당하다. | ☐ |

---

## 3) 자료의 수집

### (1) 조사대상

본 실증연구는 온라인 정보중간상중에서 채용정보 사이트에의 회원가입을 둘러싼 소비자와 기업의 행위를 대상으로 질문이 구성되고 있으므로, "인터넷 채용정보 사이트를 이용해본 경험이 있거나 혹은 잠재적으로 이용할 수 있는 인터넷을 이용하는 소비자들"로 조사대상을 정의하였다. 구체적으로는 20~30대의 젊은 연령층의 대학교 고학년 및 대학원생 집단과 이직을 고려중인 일부 직장인 등의 적합도가 높다고 볼 수 있다.

### (2) 조사절차

본 설문은 2003년 11월 13~18일의 6일간 서울 시내 3개 대학교의 남녀 대학생 150명에게 수업 진행의 일환으로 배포되어 143명이 응답하였으며, 불성실한 응답자 7명을 제외한 136명의 답변을 분석에 사용하였다. 설문 참가자에게 소정의 사은품(쿠키 및 펜)을 지급하여 응답의 성실성을 유도하였다.

### (3) 표본구성

먼저 성별로는 남학생이 73명, 여학생이 63명으로 구성되었으며, 전원이 인터넷 사용경험이 있으며, 주당 인터넷 이용시간은 평균 15.7시간으로 2002년의 평균 14.2시간인 국내 인터넷 사용자 평균치(2002년 KNP Survey)에 기존의 연간 증가폭인 2시간을 감안하면 전체 모집단과 일관성이 높다고 볼 수 있다. 이메일 보유현황을 보면 평균 2.8개로 국내 인터넷 이용자 평균치 2.73개 수준(2002년 KNP Survey)과 부합된다. 유료 사이트 이용 경험자의 비율도 54%로 나타나 2002년 국내 인터넷 이용자 평균치 47%(2002년 KNP Survey)보다 소폭 증가한 것으로 전체 인터넷 사용자 모집단의 기본 특성을 상당 부분 보유하고 있는 표본집단이라고 볼 수 있다.

## 4) 측정항목 평가

### (1) 신뢰성 분석

다항목으로 측정된 이론변수의 신뢰성 검증에는 변수들의 내적일관성을 많이 사용한다(Carmins and Zeller 1979; Churchill 1979). 내적일관성을 측정하는 데는 Chronbach Alpah 계수가 많이 사용되는데 Nunally(1978, pp.245-246)는 예비적 연구에서 Chronbach

Alpah 값이 0.7 이상이면 충분하고, 기초연구에서는 0.8 이상, 응용연구에서는 0.9~0.95의 수준을 권장하고 있다. 본 연구에서 측정된 이론변수는 Chronbach Alpah 계수가 0.7 이상으로 나타나 비교적 신뢰할만한 수준에서 측정항목이 측정되었다고 볼 수 있다. 본 연구의 측정항목별 신뢰성 평가결과는 <표 9-6>과 같다.

<표 9-6> 측정항목의 신뢰성 계수(서비스 역량 관련)

| 이론변수 | 항목수 | Alpah 계수 |
|---|---|---|
| 정보중간상의 역량 수준(Competence, $m_H$) | 3 | 0.9278 |
| 개인정보 및 사생활 침해 관련 위험지각 수준($C$) | 3 | 0.7036 |

(2) 타당성 분석

본 연구에서 사용된 항목 대부분은 관련 연구를 토대로 추출되었으며 사전조사와 항목의 정교화 등 조정과정을 거쳤으므로 내용타당성(Content validity)은 확보하였다고 생각된다. 본 연구의 회귀분석에서는 이론변수 하위의 각 항목들의 평균값을 분석에 사용하였으므로 수렴타당성(Convergent validity)은 평가하지 않으며, 회귀분석시의 판별타당성(Discriminant validity)을 확인하기 위해 이론변수들 간의 상관관계분석을 통하여 다중공선성(Multicollinearity)의 유무를 점검한 결과 문제가 없는 것으로 나타났다.

**<표 9-7> 독립변수간 상관계수 행렬(서비스 역량 관련 회귀분석)**

|  | 개인정보 및 사생활 침해 관련 위험지각 수준($C$) | 정보중간상의 역량 수준(Competence, $m_H$) |
|---|---|---|
| 개인정보 및 사생활 침해 관련 위험지각 수준($C$) | 1.000 | |
| 정보중간상의 역량 수준(Competence, $m_H$) | 0.033 (0.714) | 1.000 |

주) ( )는 유의수준

## 5) 회귀분석의 결과

### (1) "정보중간상의 역량 수준($m_H$)"의 단순회귀분석 결과

<표 9-8>에서와 같이 "정보중간상의 역량 수준($m_H$)"이 "적정 회원전용 부가서비스혜택 수준($P_H^{F.B}$)"에 미치는 영향을 분석하는 회귀분석 모형은 F-비율이 유의하므로 모형의 적합도가 갖추어졌으며, "정보중간상의 역량 수준($m_H$)" 독립변수에 해당하는 회귀계수가 유의한 t-값을 가지며 <가설 1>의 예상과 같은 방향의 관계를 가진 것이 확인되므로 <가설 1>이 지지된다.

**<표 9-8> "적정 회원전용 혜택 수준($P_H^{F.B}$)"에의 회귀분석 결과(1)**

| 독립변수 | 예상 관계 | 비표준화 회귀계수 | 비표준화 표준오차 | 표준화된 회귀계수 | t-값 | p-값 |
|---|---|---|---|---|---|---|
| 정보중간상의 역량 수준($m_H$) | - | -1.564 | 0.269 | -0.462 | -5.807 | 0.000 |
| 상수항 | | 11.435 | 1.364 | | 8.384 | 0.000 |
| R=0.462, R²=0.214, Adjusted R²=0.207, 표준오차=3.500, F=33.726(p=0.000) | | | | | | |

(2) "개인정보 및 사생활 침해 관련 위험지각 수준($C$)"의 단순회귀분석 결과

<표 9-9>에서와 같이 "개인정보 및 사생활 침해 관련 위험지각 수준($C$)"이 "적정 회원전용 부가서비스혜택 수준($P_H^{F.B}$)"에 미치는 영향을 분석하는 회귀분석 모형은 F-비율이 유의하므로 모형의 적합도가 갖추어졌으며, "개인정보 및 사생활 침해 관련 위험지각 수준($C$)" 독립변수에 해당하는 회귀계수가 유의한 t-값을 가지며 <가설 2>의 예상과 같은 방향의 관계를 가진 것이 확인되므로 <가설 2>가 지지된다.

<표 9-9> "적정 회원전용 혜택 수준($P_H^{F.B}$)"에의 회귀분석결과(2)

| 독립변수 | 예상 관계 | 비표준화 | | 표준화된 회귀계수 | t-값 | p-값 |
|---|---|---|---|---|---|---|
| | | 회귀계수 | 표준오차 | | | |
| 개인정보 침해 관련 위험지각 수준($C$) | + | 0.951 | 0.317 | 0.263 | 2.998 | 0.003 |
| 상수항 | | -0.766 | 1.624 | | 2.998 | 0.638 |
| R=0.263, R$^2$=0.069, Adjusted R$^2$=0.061, 표준오차=4.024, F=8.987(p=0.003) | | | | | | |

(3) "역량 수준($m_H$)"과 "위험지각 수준($C$)"의 다중회귀분석 결과

"역량 수준($m_H$)"과 "위험지각 수준($C$)"의 다중회귀분석 결과를 요약한 다음의 <표 9-10>에서 "정보중간상의 역량 수준($m_H$)"과 "개인정보 및 사생활 침해 관련 위험지각 수준($C$)"이 "적정 정보구매가격($P_H^{F.B.}$)"에 미치는 영향을 분석하는 회귀분석 모형은 F-비율이 유의하므로 모형의 적합도가 갖추어졌으며, 각 독립변수에 해당하는 회귀계수가 유의한 t-값을 가짐으로 <가설 1>과 <가설 2>의 예상관계가 성립된다는 사실이 확인된다. 본 연구에서는

이러한 근거에 입각하여 <가설 1>과 <가설 2>를 채택하고자 한다.

<표 9-10> "적정 회원전용 혜택 수준($P_H^{F.B.}$)"에의 회귀분석결과(3)

| 독립변수 | 예상 관계 | 비표준화 | | 표준화된 회귀계수 | t-값 | p-값 |
|---|---|---|---|---|---|---|
| | | 회귀 계수 | 표준 오차 | | | |
| 정보중간상의 역량 수준($m_H$) | - | -1.465 | 0.264 | -0.446 | -5.539 | 0.000 |
| 개인정보 및 사생활 침해 관련 위험지각 수준($C$) | + | 0.781 | 0.271 | 0.232 | 2.878 | 0.005 |
| 상수항 | | 7.048 | 1.889 | | 3.731 | 0.000 |
| R=0.499, $R^2$=0.249, Adjusted $R^2$=0.236, 표준오차=3.352, F=19.243(p=0.000) | | | | | | |

## 2. "회원전용 혜택"의 신호효과 실험(집단간 설계)

본 연구에서는 <가설 3>을 검증하기 위해 응답자가 이용할 수 있는 내재적 정보단서(Cues)를 최소화한 가상의 신규 인터넷 채용정보 사이트를 기본 자극으로 제시하여 "정보비대칭성" 상황에서의 의사결정과 최대한 유사한 상황을 조성한 후 "높은 회원전용 부가서비스 혜택"과 "낮은 부가서비스 혜택"을 제시한 상이한 2종류의 설문을 무작위로 할당하여 조사한 결과를 일원분산분석(ANOVA)으로 분석하였다.

## 1) 정보비대칭 상황 조작

본 연구에서 <가설 3>의 검증을 위한 실험에서 다음 [그림 9-2]와 같은 형태로 기본자극을 제시한 후 실험적 자극을 추가하였다.

### [그림 9-2] 정보비대칭성 상황 조작을 위한 설문의 자극 예시

<u>퍼스트잡(www.firstjob.co.kr)</u>

<설명> 퍼스트잡 (<u>www.firstjob. co.kr</u>)은 최근 벤처 컨소시엄에서 투자하여 오픈한 신규 채용정보 업체입니다. 현재 온라인 채용정보협회 회원입니다.

## 2) 실험자극 조작

본 연구에서는 위의 [그림 9-2]와 같은 기본자극으로 정보비대칭 상황을 조작하고 "회원전용 부가서비스 혜택(정보구매가격, $P_H^*$)"을 동일 모집단에서 무작위로 추출된 2개의 표본집단별로 각각 높고 낮게 제시한 후 실험효과의 조작 성공여부의 측정과 함께 "지각된 정보중간상의 역량 수준($m_H$)"을 측정하여 2집단 간에 차이가 나는지를 확인하여 <가설 3>을 검증하였다.

본 연구에서는 예비조사결과를 토대로 다시 대학원생을 통한 사전조사를 실시하여 도출된 항목인 "제휴 패밀리 레스토랑 할인권(2,000원) 증정"과 "제휴 패밀리 레스토랑 할인권(10,000원) 증정, 무료 증명사진 서비스, 이메일 계정(10메가)

제공”을 각각 저, 고 수준의 정보구매가격 수준으로 조작하여 “신규업체”에서 제공하는 상황으로 설정하여 본 실험에 적용하였다. 특히 실험효과의 극대화와 실험 타당성 확인을 위하여 “제휴 패밀리 레스토랑 할인권(5,000원) 증정, 무료 증명사진 서비스”를 사전 자극으로 2집단에 공통적으로 제시하였다.

## 3) 실험조작확인 및 실험효과 측정

### (1) 실험조작확인

본 연구에서는 Kirmani and Wright(1989)와 Kirmani(1990)의 연구에서 신호전송에 대한 실험에서 중요한 요소로 지적된 “지각된 비용”과 “지각된 노력”에 대한 질문을 기초로 3가지 측정항목에 대해 “전혀 동의하지 않음(1)”에서 “전적으로 동의함(7)”의 리커트 7점 척도로 평가하여 실험조작이 제대로 이루어졌는지 측정하였다. 세부 측정항목은 다음과 같다.

① 이 사이트는 회원가입 시 부가서비스를 많이 제공하는 편이다.
② 이 사이트는 회원전용 부가서비스 혜택 제공을 위하여 많은 비용부담을 한다.
③ 이 사이트는 회원전용 부가서비스에 많은 노력을 기울인다.

### (2) 실험효과 측정(지각된 “역량 수준($m_H$)” 측정)

본 연구에서는 Sureshchandar et al.(2002)이 제시한 핵심 서비스 품질(Core service quality)의 측정 항목과 본 연구의 사전조사에서 소비자들이 정보중간상을 이용하는 양대 목적인 “공급자 연결”과 “정보검색” 항목을 기초로 3가지 측정항목에 대해 “전혀 동의하지 않음(1)"에서 "전적으로 동의함(7)"의 리커트 7점 척도로 평가하였다. 세부 측정항목은 다음과 같다.

① 이 사이트는 내가 원하는 정보를 많이 가지고 있을 것이다.
② 이 사이트를 통해 내가 원하는 회사와 일(Job)을 구할 수 있을 것이다.
③ 이 사이트는 고품질의 서비스를 제공할 것이다.

## 4) 자료의 수집

### (1) 조사대상

본 실증연구는 전술한 설문조사와 마찬가지로 온라인 정보 중간상중에서 채용정보 사이트에의 회원가입을 둘러싼 소비자와 기업의 행위를 대상으로 질문이 구성되고 있으므로, "인터넷 채용정보 사이트를 이용해본 경험이 있거나 혹은 잠재적으로 이용할 수 있는 인터넷을 이용하는 소비자들"로 조사대상을 정의하였다.

### (2) 조사절차

본 실험은 전술한 설문조사와 병행적으로 2003년 11월 13~18일의 6일간 서울 시내 3개 대학교의 남녀 대학생 117명을 대상으로 수업 진행의 일환으로 실시되었으며, 전체 117명의 답변을 분석에 사용하였다. 실험 참가자에게 소정의 사은품(쿠키 및 펜)을 지급하여 응답의 성실성을 유도하는 한편 실험의 목적을 일반시장조사로 알림으로써 맞춤식 답변의 오류를 줄이고자 노력하였다.

### (3) 표본구성

먼저 성별로는 남학생이 62명, 여학생이 57명으로 구성되었으며, 전원이 인터넷 사용경험이 있고, 주당 인터넷 이용시간은 평균 16.8시간으로 2002년의 평균 14.2시간인 국내 인터넷 사용자 평균치(2002년 KNP Survey)에 기존의 연간 증가폭인 2시간을 감안하면 전체 모집단과 일관성이 높다고 볼 수 있다. 이메일 보유현황을 보면 평균 2.66개로 국내 인터넷 이용자 평균치 2.73개(2002년 KNP Survey)에 부합되는 수준이다. 유료 사이트 이용 경험자의 비율도 52%로 나타나 2002년 국내 인터넷 이용자 평균치 47%(2002년 KNP Survey)보다 소폭 증가한 것으로 전체 인터넷 사용자 모집단의 기본 특성을 상당 부분 보유하고 있는 표본집단이라고 볼 수 있다.

## 5) 실험조작 측정결과

### (1) 실험타당성 검증

양 집단에 공통으로 제시한 사전자극("제휴 패밀리 레스토랑 할인권(5,000원) 증정, 무료 증명사진 서비스 제공")에 대하여 양 집단간 차이가 나타나지 않음으로써(t=-0.870, df=116, p>0.10) 실험의 전제조건인 양 집단의 동질성이 확인되었다.

### (2) 실험조작확인

집단간 "지각된 정보구매가격(지각된 회원전용 부가서비스 혜택 수준)" 차이를 T-test를 통해 분석한 결과 "낮은 정보구매가격"을 제시한 집단과 "높은 정보구매가격"을 제시한 집단의

"지각된 정보구매가격"이 각각 3.03과 4.67로 두 집단간에 유의한 차이가 나타났다(t=-8.367, df=116, p<0.01). 따라서 실험조작이 제대로 이루어졌다는 사실이 확인된 셈이다.

## 6) 실험결과

본 실험의 분석 결과, <가설 3>이 실증적으로 지지된다는 사실을 확인하였다. 실험에 대한 분산분석 결과 "정보구매가격(회원전용 부가서비스 혜택 수준, $P_H$)"이 "지각된 서비스 역량 수준($m_H$)"에 미치는 효과가 유의하게 나타났다(F=45.785, p<0.01). 낮은 "정보구매가격(회원전용 부가서비스 혜택 수준)"을 제시하는 경우($\overline{X} = 3.14$)보다 더 높은 "정보구매가격(회원전용 부가서비스 혜택 수준)"을 제시하는 경우($\overline{X} = 4.34$)에 정보중간상의 역량을 더 높게 인식하였는데, 이는 <가설 3>과 일치하는 결과이다.

<표 9-11> "지각된 서비스 역량 수준"의 집단간 차이의 분산분석

| 구분 | 자승합 | 자유도 | 평균자승 | F 값 | 유의도 |
|---|---|---|---|---|---|
| 집단간 | 42.089 | 1 | 42.089 | 45.785 | 0.000 |
| 집단 내 | 106.635 | 116 | 0.919 | | |
| 전체 | 148.724 | 117 | | | |

## 3. "역량 수준"의 효과 실험(집단 내 설계)

본 연구에서는 서비스 역량 신호전송과 관련된 <가설 1>, <가설 2>,

<가설 3> 중에서 실험을 통한 검증이 가능한 <가설 1>에 대하여 전술한 회귀분석을 통한 기본검증 외에 추가적으로 집단 내 설계 방식의 실험을 실시하여 Paired-sample T-Test를 통한 교차확인을 통해 보완적 검증을 실시하였다.

## 1) 정보대칭 상황에서의 서비스 역량 수준 조작

본 연구에서는 <가설 1>의 검증을 위한 실험조작을 위하여 전술한 회귀분석용 설문과는 달리 "높은 서비스 역량 수준"과 "낮은 서비스 역량 수준"을 차별적으로 설계한 인터넷 채용정보 사이트 정보를 실험 참여자에게 동시에 제시한 후 각각의 상황에서 실험참여자가 회원가입을 가정할 때 적절하다고 느끼는 "적정 회원전용 부가서비스 혜택(정보구매가격, $P_H^{F.B}$)" 수준을 조사하였다.

이때 정보중간상의 역량($m_H$) 수준의 조작을 위하여 실시한 예비조사결과를 토대로 "삼보종합건설, 유진그룹, 인터폰㈜, 미향산업 각각 1개월 내 채용"과 "삼성전자, 산업은행, 피앤지, 에스케이 텔레콤 각각 1개월 내 채용" 정보를 통해 순서대로 "낮은 서비스 역량 수준"과 "높은 서비스 역량 수준"에 대한 조작적 자극으로 제시하였다. 이때 정보대칭 상황의 조작을 위하여 순서대로 "업계 내 15~30위 권"과 "업계 내 1위"라는 추가정보를 전자신문, 매일경제신문, 조선일보 등을 인용하여 제시하였다.

## 2) 실험실시과정

본 실험은 전술한 "정보비대칭 상황의 회원전용 부가서비스 수준($P_H^*$) 효과 실험" 참가자 중에서 자발적 참가자 56명을 대상으로 이루어졌다. 먼저 성별로는 남학생이 29명, 여학생이 27명으로 구성되었으며, 전원이 인터넷 사용경험이 있으며, 주당 인터넷 이용시간은 평균 16.3시간으로 2002년의 평균 14.2시간인 국내 인터넷 사용자 평균치(2002년 KNP Survey)에 기존의 연간 증가폭인 2시간을 감안하면 전체 모집단과 일관성이 높다고 볼 수 있다. 이메일 보유현황을 보면 평균 2.73개로 국내 인터넷 이용자 평균치(2002년 KNP Survey)와 일치한다. 유료 사이트 이용 경험자의 비율도 51%로 나타나 2002년 국내 인터넷 이용자 평균치 47%(2002년 KNP Survey)보다 소폭 증가한 것으로 전체 인터넷 사용자 모집단의 기본 특성을 상당 부분 보유하고 있는 표본집단이라고 볼 수 있다.

## 3) 실험조작확인("정보중간상의 역량 수준($m_H$)"의 측정)

본 연구에서는 Sureshchandar et al.(2002)이 제시한 핵심 서비스 품질(Core service quality)의 측정 항목과 본 연구의 사전조사에서 소비자들이 정보중간상을 이용하는 양대 목적인 "공급자 연결"과 "정보검색" 항목을 기초로 3가지 측정항목에 대해 "전혀 동의하지 않음(1)"에서 "전적으로 동의함(7)"의 리커트 7점 척도로 평가하였다. 세부 측정항목은 다음과 같다.

① 이 사이트는 내가 원하는 정보를 많이 가지고 있을 것이다.

② 이 사이트를 통해 내가 원하는 회사와 일(Job)을 구할 수

있을 것이다.

③ 이 사이트는 고품질의 서비스를 제공할 것이다.


"서비스 역량" 수준을 낮고 높게 조작한 두 상황에 대한 응답자의 "지각된 서비스 역량 수준" 차이를 Paired samples T-test를 통해 분석한 결과 "낮은 서비스 역량"을 제시한 상황과 "높은 서비스 역량"을 제시한 상황에 대한 응답자의 "지각된 서비스 역량 수준"이 각각 4.37과 4.92로 유의한 차이가 나타났다 (t=6.029, df=54, p<0.01). 이를 통해 실험조작이 제대로 이루어졌다는 사실을 확인하였다.


4) 실험효과 측정("적정 회원전용혜택 수준($P_H^{F.B.}$)"의 측정)


본 연구에서는 전술한 회귀분석의 종속변수로 사용된 <표 9-5>와 같이 "회원가입 시의 적정 회원전용혜택 수준($P_H^{F.B.}$)" 측정지표를 사용하여 실험효과를 측정하였다. Monroe(1990, p.114)가 제시한 소비자 수용가격에 대한 직접 질문항목("Please indicate the price that would be most acceptable to pay: $________")을 토대로 본 연구에 적합하도록 수정하여 단일 항목으로 직접 기입식 질문을 다음과 같이 제시하여 개인정보 제공 후 회원가입 시 소비자가 받아들이는 적정 정보구매가격(적정 회원전용 부가서비스 혜택) 요구 수준을 측정하였다.


"서비스 역량 수준($m_H$)"을 낮고 높게 조작한 두 상황에서 응답자가 받아들이는 "적정 정보구매가격(적정 회원전용 부가서비스 혜택 수준, $P_H^{F.B.}$)"의 차이를 Paired samples T-test를 통해 분석한 결과 "낮은 서비스 역량 수준($m_H$)"을 제시한 상황과 "높은 서비스 역량 수준($m_H$)"을 제시한 상황에서 응답자가 받아들이는 "적정 정보구매가격(적정 회원전용 부가서비스 혜택 수준, $P_H{}^{F.B.}$)"이 각각 42,451원과 31,151원으로 유의한 차이가 나타났다(t=-2.821, df=55, p<0.01). 이는 <가설 1>에 부합되는 결과이며 전술한 회귀분석의 결과와 함께 <가설 1>을 지지하는 결과이다.

## 4. "회원전용혜택수준"의 신호효과 실험(집단 내 설계)

본 연구에서는 서비스 역량 신호전송과 관련된 <가설 1>, <가설 2>, <가설 3> 중에서 실험을 통한 검증이 가능한 <가설 3>에 대하여 전술한 집단간 설계 실험을 통한 기본검증 외에 추가적으로 집단 내 설계 방식의 실험을 실시하여 Paired-sample T-Test를 통해 실증적 교차확인을 실시하였다.

### 1) 정보비대칭 상황에서의 서비스 역량 수준 조작

본 연구에서 <가설 3>의 교차검증을 위한 실험조작을 위하여 전술한 집단간 설계 실험과는 달리 "높은 부가서비스 수준($P_H{}^*$)"과 "낮은 부가서비스 수준($P_H{}^*$)"을 차별적으로 제시하는 신규 인터넷 채용정보 사이트 정보를 실험 참여자에게 동시에 제시한 후 각각의 상황에서 실험참여자가 지각하는 "서비스 역량($m_H$)" 수준을 조사하였다.

본 연구에서는 전술한 집단간 설계 실험에서의 조작설계를 토대로 "제휴 패밀리 레스토랑 할인권(2,000원) 증정"과 "제휴 패밀리 레스토랑 할인권(10,000원) 증정, 무료 증명사진 서비스, 이메일 계정(10메가) 제공”을 각각 저, 고 수준의 정보구매가격 ($P_H^*$) 수준으로 조작하여 “신규업체”에서 제공하는 상황으로 설정하여 실험 참가자에게 동시에 제시하였다.


2) 실험실시과정


본 실험은 전술한 “정보대칭 상황에서의 서비스 역량($m_H$) 수준의 영향 검출 실험”과 동일한 56명의 참가자를 대상으로 순차적으로 자극이 제시되는 실험을 실시하였다.


3) 실험조작확인(“지각된 회원전용혜택수준($P_H^*$)”의 조작

   및 측정)


본 연구에서는 Kirmani and Wright(1989)와 Kirmani(1990)의 연구에서 신호전송에 대한 실험에서 중요한 요소로 지적된 “지각된 비용”과 “지각된 노력”에 대한 질문을 기초로 3가지 측정항목에 대해 “전혀 동의하지 않음(1)”에서 “전적으로 동의함(7)”의 리커트 7점 척도로 평가하여 실험조작이 제대로 이루어졌는지 측정하였다. 세부 측정항목은 다음과 같다.

① 이 사이트는 회원가입 시 부가서비스를 많이 제공하는 편이다.
② 이 사이트는 회원전용 부가서비스 혜택 제공을 위하여 많은 비용부담을 한다.
③ 이 사이트는 회원전용 부가서비스에 많은 노력을 기울인다.

“정보구매가격(지각된 회원전용 부가서비스 혜택 수준)”을

낮고 높게 조작한 두 상황에 대한 응답자의 "지각된 정보구매가격(지각된 회원전용 부가서비스 혜택 수준)" 차이를 Paired samples T-test를 통해 분석한 결과 "낮은 정보구매가격(지각된 회원전용 부가서비스 혜택 수준)"을 제시한 상황과 "높은 정보구매가격(지각된 회원전용 부가서비스 혜택 수준)"을 제시한 상황에 대한 응답자의 "지각된 정보구매가격(지각된 회원전용 부가서비스 혜택 수준)"이 각각 3.50과 5.12로 유의한 차이가 나타났다(t=-8.333, df=55, p<0.01). 이를 통해 실험조작이 제대로 이루어졌다는 사실을 확인하였다.

## 4) 실험효과 측정("정보중간상의 역량 수준($m_H$)"의 측정)

본 연구에서는 전술한 회귀분석의 종속변수와 동일한 측정지표를 사용하여 본 연구에서는 Sureshchandar et al.(2002)이 제시한 핵심 서비스 품질(Core service quality)의 측정 항목과 본 연구의 사전조사에서 소비자들이 정보중간상을 이용하는 양대 목적인 "공급자 연결"과 "정보검색" 항목을 기초로 3가지 측정항목에 대해 "전혀 동의하지 않음(1)"에서 "전적으로 동의함(7)"의 리커트 7점 척도로 평가하였다. 세부 측정항목은 다음과 같다.

① 이 사이트는 내가 원하는 정보를 많이 가지고 있을 것이다.
② 이 사이트를 통해 내가 원하는 회사와 일(Job)을 구할 수 있을 것이다.
③ 이 사이트는 고품질의 서비스를 제공할 것이다.

"정보구매가격(지각된 회원전용 부가서비스 혜택 수준, $P_H^*$)"

을 낮고 높게 조작한 두 상황에서 응답자의 "지각된 서비스 역량 수준($m_H$)" 차이를 Paired samples T-test를 통해 분석한 결과 "낮은 정보구매가격(지각된 회원전용 부가서비스 혜택 수준)" 을 제시한 상황과 "높은 정보구매가격(지각된 회원전용 부가서비스 혜택 수준)"을 제시한 상황에 대한 응답자의 "지각된 서비스 역량 수준($m_H$)"이 각각 4.09과 4.65로 유의한 차이가 나타났다(t=-4.740, df=55, p<0.01). 이는 전술한 집단간 설계 실험에 의한 검증과 마찬가지로 <가설 3>을 지지하는 결과이다.

# 제3절 고객정보보호의 성실성 신호전송 관련 가설검증

## 1. "역량", "정보누출 수익", "소비자효용" 영향의 회귀분석

본 연구에서는 <가설 4>, <가설 5>, <가설 6>을 검증하기 위해 가상의 인터넷 채용정보 사이트를 자극으로 제시한 후 "해당 사이트(정보중간상)의 역량 수준(Competence, $m$)", "해당 사이트의 정보누출로 얻을 수 있는 외부 비정상수익 수준($G$)", "거래성사 시의 소비자 효용 수준($V$)"을 응답자 스스로 기입하도록 하여 독립변수로 활용하고, "해당 사이트에 대한 회원가입 시의 적정 정보보호관련 투자수준($I^*$)"을 기입하도록 하여 종속변수로 활용하여 단순회귀분석과 다중회귀분석을 순서대로 시행하였다.

## 1) 실험적 자극의 제시

본 연구에서는 <가설 4>, <가설 5>, <가설 6>의 검증을 위한 설문에서 [그림 9-3]과 같은 형태로 실험적 자극을 제시한 후 질문을 통해 구성개념에 대한 측정을 실시하였다.

[그림 9-3] <가설 4>, <가설 5>, <가설 6> 관련 설문의 자극(예시)

**사전 정보**

"온라인 채용정보 사이트인 잡1000(www.job1000.co.kr)은 지난 2년간의 실적에서 <u>국내 최상위</u>의 자리를 지키고 있으며 …" (전자신문, 2003년 8월)

"국내 채용정보 사이트 중에서 잡1000(www.job1000.co.kr)이 구인업체 연결 면에서 <u>소비자가 가장 선호</u>하는 것으로 조사되었다고 한다…" (한국경제신문, 2003년 7월)

## 2) 변수의 조작적 정의 및 측정

### (1) "정보중간상의 역량 수준($m$)"의 조작적 정의 및 측정

본 연구에서는 Sureshchandar et al.(2002)이 제시한 핵심 서비스 품질(Core service quality)의 측정 항목과 본 연구의 사전조사

에서 소비자들이 정보중간상을 이용하는 양대 목적인 "공급자
연결"과 "정보검색" 항목을 기초로 3가지 측정항목에 대해 "전
혀 동의하지 않음(1)"에서 "전적으로 동의함(7)"의 리커트 7점
척도로 평가하였다. 세부 측정항목은 다음과 같다.

① 이 사이트는 내가 원하는 정보를 많이 가지고 있을 것이다.
② 이 사이트를 통해 내가 원하는 회사와 일(Job)을 구할 수
  있을 것이다.
③ 이 사이트는 고품질의 서비스를 제공할 것이다.


  (2) "고객정보누출을 통한 기회수익($G$)"의 조작적 정의 및 측정

  본 연구에서는 Sheehan and Hoy(2000), Phelps et al.(2000) 등에
서 개인정보 및 사생활 침해 관련 우려 수준을 측정하기 위해
개발한 항목들 중에서 "Information about you is sold to other
companies." 등 관련성이 있는 항목을 토대로 3가지 측정항목
에 대해 "전혀 동의하지 않음(1)"에서 "전적으로 동의함(7)"의
리커트 7점 척도로 평가하였다. 세부 측정항목은 다음과 같다.

① 인터넷 사이트를 운용하는 기업은 소비자의 개인정보를 제
  3자에게 제공하여 큰 이득을 볼 수 있다.
② 인터넷 사이트를 운용하는 기업은 소비자의 개인정보를 제
  3자에게 제공하여 용이하게 이득을 볼 수 있다.
③ 인터넷 사이트를 운용하는 기업이 소비자의 개인정보를 유
  출할 가능성이 크다.


  (3) "거래성사 시의 소비자 효용 수준($V$)"의 조작적 정의 및 측정

  본 연구의 사전조사에서 소비자들이 정보중간상을 이용하는 양

대 목적인 "공급자 연결"과 "정보검색" 항목을 기초로 2가지 측정 항목에 대해 "전혀 동의하지 않음(1)"에서 "전적으로 동의함(7)"의 리커트 7점 척도로 평가하였다. 세부 측정항목은 다음과 같다.

① 인터넷 채용정보 사이트를 통해 내가 원하는 정보를 찾는 것은 나에게 매우 큰 효용을 줄 것이다.

② 인터넷 채용정보 사이트를 통해 내가 원하는 회사와 일 (Job)을 구하는 것은 나에게 매우 큰 효용을 줄 것이다.

(4) "회원가입 시의 적정 정보보호투자수준($I^*$)"의 정의 및 측정

본 연구에서는 Monroe(1990, p.114)가 제시한 소비자 수용가격에 대한 직접 질문항목을 토대로 본 연구에 적합하도록 수정하여 단일 항목으로 직접 기입식 질문을 다음의 <표 9-12>와 같이 제시하여 개인정보 제공 후 회원가입 시 소비자가 받아들이는 적정 투자요구수준을 측정하였다.

<표 9-12> 회원가입 시의 적정 정보보호투자 수준($I^*$) 질문(예)

---

귀하께서는 위 사이트(잡1000, www.job1000.co.kr)에서 <u>개인정보보호 (예: 보안방화벽 설치, 외부인증 획득)를 위해 어느 정도를 투자 한다면</u> 귀하의 개인정보(이름, 주민등록번호, 휴대폰 번호, 이메일 주소)를 제공하고 회원으로 가입하는데 적당하다고 느끼십니까? (참고: <u>기존의 업계평균 **100%** 기준)</u>

| 무조건<br>가입<br>하겠다 | | 무조건<br>가입하지<br>않겠다 |
|---|---|---|
| □ 기존 업계평균 수준의 ______퍼센트(%) 투자하면 적당하다. | | □ |

---

## 3) 자료의 수집

본 설문자료조사는 전술한 서비스 力量 신호전송과 관련되어 진행된 "역량 수준($m_H$)과 소비자 위험지각 수준(C)의 영향에 관한 회귀분석"의 설문과 함께 일괄적으로 진행되었다. 따라서, 본 설문자료조사는 전술한 설문과 마찬가지로 "인터넷 채용정보 사이트를 이용해본 경험이 있거나 혹은 잠재적으로 이용할 수 있는 인터넷을 이용하는 소비자들"로 조사대상을 정의하고, 2003년 11월 13~18일의 6일간 서울 시내 3개 대학교의 남녀 대학생 150명에게 전술한 "역량 수준($m_H$)과 소비자 위험지각 수준(C)의 영향에 관한 회귀분석"의 설문과 함께 일괄적으로 전체 설문을 배포하여 143명이 응답하였으며, 불성실한 응답자 7명을 제외한 136명의 답변을 분석에 사용하였다.

## 4) 측정항목 평가

### (1) 신뢰성 분석

다항목으로 측정된 이론변수의 신뢰성 검증에는 변수들의 내적일관성을 많이 사용하는데(Carmins and Zeller 1979; Churchill 1979), 내적일관성을 측정하는데 많이 사용되는 Chronbach Alpah를 측정한 결과, 모두 0.8 이상으로 나타나 비교적 신뢰할만한 수준(Nunally 1978, pp.245-246)에서 항목이 측정되었다고 볼 수 있다. 본 연구의 측정항목별 신뢰성 평가결과는 <표 9-13>과 같다.

<표 9-13> 측정항목의 신뢰성 계수(고객정보보호의 성실성 관련)

| 이론변수 | 항목수 | Alpah 계수 |
|---|---|---|
| 정보중간상의 역량 수준(Competence, $m$) | 3 | 0.8695 |
| 정보누출에 의한 비정상수익 수준($G$) | 3 | 0.8147 |
| 거래성사 시의 소비자 효용수준($V$) | 2 | 0.8465 |

## (2) 타당성 분석

본 연구에서 사용된 항목 대부분은 관련 연구를 토대로 추출되었으며 사전조사와 항목의 정교화 등 조정과정을 거쳤으므로 내용타당성(Content validity)은 확보하였다고 생각된다. 본 연구의 회귀분석에서는 이론변수 하위의 각 항목들의 평균값을 분석에 사용하였으므로 수렴타당성(Convergent validity)는 평가하지 않으며, 회귀분석시의 판별타당성(Discriminant validity)을 확인하기 위해 이론변수들 간의 상관관계분석을 통하여 일부 독립변수간에 상관관계가 확인한 결과 "거래성사 시의 소비자 효용수준(V)" 변수와 다른 변수 사이에 유의한 상관관계가 검출되어(<표 9-14>참고), 다중공선성(Multicollinearity)의 유무를 점검하였다(<표 9-15>참고).

<표 9-14> 독립변수간 상관계수 행렬(고객정보보호의
성실성 관련)

| | 정보중간상의 역량 수준($m$) | 정보누출에 의한 비정상수익 수준($G$) | 거래성사 시의 소비자 효용수준($V$) |
|---|---|---|---|
| 정보중간상의 역량 수준($m$) | 1.000 | | |

| | | | |
|---|---|---|---|
| 정보누출에 의한 비정상수익 수준($G$) | 0.124 (0.162) | 1.000 | |
| 거래성사 시의 소비자 효용수준($V$) | 0.585 (0.000) | 0.202 (0.022) | 1.000 |

주) ( )는 유의수준

본 연구에서는 다중공선성의 계량적 척도로 가장 많이 쓰이는 지표 중 하나인 분산팽창인자(Variance inflation factor, VIF)를 통해 다중공선성이 유무를 확인하여, 일반적으로 다중공선성이 있다고 판정하는 기준에 "최대 $VIF_j$가 5~10을 넘는 경우"(강명욱 외 1996; Chatterjee et al. 2000)에 현저하게 미달하여(<표 9-15>참고), 각 독립변수를 모두 회귀분석에서 활용하였다.

<표 9-15> 회귀분석의 이론변수별 분산팽창인자(VIF)

| 이론변수 | VIF |
|---|---|
| 정보중간상의 역량 수준($m$) | 1.467 |
| 정보누출에 의한 비정상수익 수준($G$) | 1.025 |
| 거래성사 시의 소비자 효용수준($V$) | 1.497 |

5) 회귀분석의 결과

(1) "정보중간상의 역량 수준($m$)"의 단순회귀분석 결과

<표 9-16>에서와 같이 "정보중간상의 역량 수준($m$)"이 "적정 정보보호 관련 적정 투자요구수준($I^*$)"에 미치는 영향을 분석

하는 회귀분석 모형은 F-비율이 유의하므로 모형의 적합도가 갖추어졌으며, "정보중간상의 역량 수준($m$)" 독립변수에 해당하는 회귀계수가 유의한 t-값을 가지며 <가설 4>의 예상과 같은 방향의 관계를 가진 것이 확인되므로 <가설 4>가 지지된다.

<표 9-16> "적정 정보보호투자 수준($I^*$)"에의 회귀분석결과(1)

| 독립변수 | 예상 관계 | 비표준화 | | 표준화된 회귀계수 | t-값 | p-값 |
|---|---|---|---|---|---|---|
| | | 회귀계수 | 표준오차 | | | |
| 정보중간상의 역량 수준($m$) | - | -14.122 | 7.083 | -0.177 | -1.994 | 0.048 |
| 상수항 | | 192.822 | 35.029 | | 5.505 | 0.000 |
| R=0.177, $R^2$=0.031, Adjusted $R^2$=0.023, 표준오차=81.36, F=3.975(p=0.048) | | | | | | |

(2) "고객정보누출의 기회수익수준($G$)"의 단순회귀분석 결과

<표 9-17>에서와 같이 "고객정보누출을 통한 비정상 기회수익수준($G$)"이 회원가입 시의 "적정 정보보호 관련 적정 투자요구수준($I^*$)"에 미치는 영향을 분석하는 회귀분석 모형은 F-비율이 유의하므로 모형의 적합도가 갖추어졌으며, "정보 누출을 통한 비정상 수익의 수준($G$)" 독립변수에 해당하는 회귀계수가 유의한 t-값을 가지며 <가설 5>의 예상과 같은 방향의 관계를 가진 것이 확인되므로 <가설 5>가 지지된다.

<표 9-17> "적정 정보보호투자 수준($I^*$)"에의 회귀분석결과(2)

| 독립변수 | 예상 관계 | 비표준화 | | 표준화된 회귀계수 | t-값 | p-값 |
|---|---|---|---|---|---|---|
| | | 회귀계수 | 표준오차 | | | |
| 정보누출에 의한 비정상수익 수준($G$) | + | 12.443 | 5.844 | 0.190 | 2.129 | 0.035 |
| 상수항 | | 57.199 | 31.449 | | 1.819 | 0.071 |
| R=0.190, $R^2$=0.036, Adjusted $R^2$=0.028, 표준오차=74.42, F=4.533(p=0.035) | | | | | | |

(3) "거래성사 시의 소비자 효용수준(V)"의 단순회귀분석 결과

<표 9-18>에서와 같이 "거래성사 시의 소비자 효용수준(V)"이 "적정 정보보호 관련 적정 투자요구수준($I^*$)"에 미치는 영향을 분석하는 회귀분석 모형은 F-비율이 유의하므로 모형의 적합도가 갖추어졌으며, "거래성사 시의 소비자 효용수준(V)" 독립변수에 해당하는 회귀계수가 유의한 t-값을 가지며 <가설 6>의 예상과 같은 방향의 관계를 가진 것이 확인되므로 <가설 6>이 지지된다.

<표 9-18> "적정 정보보호투자 수준($I^*$)"에의 회귀분석결과(3)

| 독립변수 | 예상 관계 | 비표준화 | | 표준화된 회귀계수 | t-값 | p-값 |
|---|---|---|---|---|---|---|
| | | 회귀계수 | 표준오차 | | | |
| 거래성사 시의 소비자 효용수준($V$) | - | -12.008 | 5.964 | -0.178 | -2.013 | 0.046 |
| 상수항 | | 186.155 | 30.966 | | 6.012 | 0.000 |
| R=0.178, $R^2$=0.032, Adjusted $R^2$=0.024, 표준오차=80.33, F=4.054(p=0.046) | | | | | | |

(4) "역량($m$)", "정보누출 기회수익(G)", "소비자효용(V)"의 다중회귀분석 결과

<표 9-19>에서와 같이 "정보중간상의 역량 수준($m$)"과 "정보누출을 통한 비정상 수익의 수준($G$)", "거래성사 시의 소비자 효용수준(V)"이 회원가입 시의 "정보보호 관련 적정 투자요구수준($I^*$)"에 미치는 영향을 분석하는 회귀분석 모형은 F-비율이 유의하므로 모형의 적합도가 갖추어졌으며, "정보 누출을 통한 비정상 수익의 수준($G$)" 독립변수에 해당하는 회귀계수가 유의한 t-값을 가지며 <가설 5>의 예상과 같은 방향의 관계를 가진 것이 확인되므로, <가설 5>는 지지되었으나, 유의도가 부족한 "정보중간상의 역량 수준($m$)"의 영향과 "거래성사 시의 소비자 효용수준(V)"의 영향에 관한 <가설 4>와 <가설 6>은 유의한 지지 여부를 확인하지 못하였다.

<표 9-19> "적정 정보보호투자 수준($I^*$)"에의 회귀분석결과(4)

| 독립변수 | 예상 관계 | 비표준화 | | 표준화된 회귀계수 | t-값 | p-값 |
|---|---|---|---|---|---|---|
| | | 회귀계수 | 표준오차 | | | |
| 정보중간상의 역량 수준($m$) | - | -1.917 | 7.974 | -0.026 | -0.240 | 0.810 |
| 정보누출에 의한 비정상수익 수준($G$) | + | 14.794 | 5.884 | 0.228 | 2.514 | 0.013 |
| 거래성사 시의 소비자 효용수준($V$) | - | -9.983 | 6.975 | -0.157 | -1.431 | 0.155 |
| 상수항 | | 105.352 | 44.416 | | 2.372 | 0.019 |
| R=0.266, $R^2$=0.071, Adjusted $R^2$=0.046, 표준오차=73.77, F=2.934(p=0.036) | | | | | | |

## 2. "정보누출 수익" 수준의 효과 실험(집단 내 설계)

본 연구에서는 고객정보보호의 성실성 신호전송과 관련된 <가설 4>, <가설 5>, <가설 6> 중에서 실험을 통한 검증이 가능한 <가설 5>에 대하여 전술한 회귀분석을 통한 기본검증 외에 추가적으로 집단 내 설계 방식의 실험을 실시하여 Paired-sample T-Test를 통해 실증적 교차확인을 실시하였다.

### 1) 정보대칭 상황에서 "고객정보누출의 기회수익($G$)" 수준 조작

본 연구에서 <가설 5>의 검증을 위한 실험조작을 위하여 전술한 회귀분석용 설문과는 달리 "높은 비정상 수익($G$) 수준"과 "낮은 비정상 수익($G$) 수준"을 차별적으로 설계한 인터넷 채용정보 사이트 정보를 실험 참여자에게 동시에 제시한 후 각각의 상황에서 실험참여자가 느끼는 "적정 정보보호관련 투자요구수준($I^*$)" 수준을 조사하였다.

이를 위하여 본 연구에서는 비정상 수익($G$) 수준의 조작을 위하여 실시한 예비조사결과를 토대로 본 연구에서는 "정보중간상이 소비자 개인정보를 제3자에게 무단 이전하여 비정상적 수익을 거두는 사례가 있다"는 정보를 정보통신부, 전자신문 등의 인용을 통해 제시하거나 제시하지 않음으로써 실험상황과 통제상황을 구현하였다.

## 2) 실험실시과정

본 실험은 전술한 "정보비대칭 상황의 회원전용 부가서비스 수준($P_H{}^*$) 효과 실험" 참가자 중에서 자발적 참가자 56명을 대상으로 하여 집단 내 설계방식으로 진행된 전술한 2개의 실험과 함께 순차적으로 이루어졌다.

## 3) 실험조작확인("고객정보누출의 기회수익($G$)"의 조작 및 측정)

본 연구에서는 Sheehan and Hoy(2000), Phelps et al.(2000) 등에서 개인정보 및 사생활 침해 관련 우려 수준을 측정하기 위해 개발한 항목들 중에서 "Information about you is sold to other companies." 등 관련성이 있는 항목을 토대로 3가지 측정항목에 대해 "전혀 동의하지 않음(1)"에서 "전적으로 동의함(7)"의 리커트 7점 척도로 평가하였다. 세부 측정항목은 다음과 같다.

① 인터넷 사이트를 운용하는 기업은 소비자의 개인정보를 제3자에게 제공하여 큰 이득을 볼 수 있다.

② 인터넷 사이트를 운용하는 기업은 소비자의 개인정보를 제3자에게 제공하여 용이하게 이득을 볼 수 있다.

③ 인터넷 사이트를 운용하는 기업이 소비자의 개인정보를 유출할 가능성이 크다.

"정보누출에 의한 비정상수익 수준"을 낮고 높게 조작한 두 상황에 대한 응답자의 "지각된 정보누출에 의한 비정상수익 수준" 차이를 Paired samples T-test를 통해 분석한 결과 "낮은 정보누출에 의한 비정상수익 수준"을 제시한 상황과 "높은 정보

누출에 의한 비정상수익 수준”을 제시한 상황에 대한 응답자의 “지각된 정보누출에 의한 비정상수익 수준”이 각각 5.30과 5.49로 유의한 차이가 나타났다(t=-2.280, df=54, p<0.05). 이를 통해 실험조작이 제대로 이루어졌다는 사실을 확인하였다.

4) 실험효과 측정(“적정 정보보호관련 투자요구수준($I^*$)”의 측정)

본 연구에서는 전술한 회귀분석의 종속변수와 동일한 측정지표를 사용하여 실험효과를 측정하였다(<표 9-12> 참고). 본 연구에서는 Monroe(1990, p.114)가 제시한 소비자 수용가격에 대한 직접 질문항목을 토대로 본 연구에 적합하도록 수정하여 단일 항목으로 직접 기입식 질문을 다음과 같이 제시하여 개인정보 제공 후 회원가입 시 소비자가 받아들이는 적정 투자요구수준을 측정하였다.

“소비자 정보 누출을 통한 비정상 수익의 수준($G$)”을 낮고 높게 조작한 두 상황에서 응답자가 받아들이는 “적정 정보보호 관련 투자 수준($I^*$)”의 차이를 Paired samples T-test를 통해 분석한 결과 “낮은 소비자 정보 누출을 통한 비정상 수익의 수준($G$)”을 제시한 상황과 “높은 소비자 정보 누출을 통한 비정상 수익의 수준($G$)”을 제시한 상황에서 응답자가 받아들이는 “적정 정보보호 관련 투자 수준($I^*$)”이 각각 94.82퍼센트(%)와 142.76퍼센트(%)로 유의한 차이가 나타났다(t=-3.575, df=55, p<0.01). 이는 <가설 5>와 일치하는 결과이다. 이는 <가설 5>에 부합되는 결과이며 전술한 회귀분석의 결과와 함께 <가설 5>를 지지하는 결과이다.

# 제4절 실증분석결과의 요약 및 평가

## 1. 실증분석결과의 요약

회귀분석과 실험을 이용한 가설검증의 결과는 <표 9-20>에 요약되어 있다. 서비스 역량 신호전송과 관련된 연구가설에서의 영향관계는 모두 이론모형에서 예측한대로 나타났으며, 고객정보보호의 성실성 신호전송과 관련된 연구가설에서의 영향관계도 부분적인 통계적 유의성 기준 미달에도 불구하고 전반적으로 이론모형이 예측한 바와 같은 방향으로 작용한다는 사실을 확인할 수 있었다.

<표 9-20> 가설검증 결과의 요약

| 구분 | 연구가설 | 검증결과 |
|---|---|---|
| 서비스 力量 신호전송 관련 실증 연구 | <가설 1> 정보중간상의 역량이 소비자에게 알려져 있는 상황에서 정보중간상을 통한 거래성사 가능성($m_H$)이 높을수록 소비자가 개인정보 제공시 받아야 한다고 느끼는 적정 정보구매가격($P_H^{F.B.}$)이 낮을 것이다. | 지지 |
| | <가설 2> 정보중간상의 역량이 소비자에게 알려져 있는 상황에서 소비자의 개인정보 및 사생활 침해 관련 위험지각 수준($C$)이 높을수록 소비자가 개인정보 제공 시 받아야 한다고 느끼는 적정 정보구매가격($P_H^{F.B.}$)이 높을 것이다. | 지지 |
| | <가설 3> 역량 수준이 알려지지 않은 정보중간상이 소비자에게 회원전용 부가서비스 혜택 수준(정보구매가격, $P_H^*$)을 높게 제시할수록 소비자는 해당 정보중간상을 통한 거래성사 가능성($m_H$)을 높게 지각할 것이다. | 지지 |

| 구분 | 연구가설 | 검증결과 |
|---|---|---|
| 고객정보<br>보호의<br>誠實性<br>신호전송<br>관련<br>실증<br>연구 | <가설 4> 정보중간상의 역량이 소비자에게 알려져 있는 상황에서 정보중간상을 통한 거래성사 가능성($m$)이 높을수록 소비자가 개인정보 제공 시 정보중간상이 투자해야 한다고 느끼는 적정 정보보호 관련 투자 수준($I^*$)이 낮을 것이다. | 부분<br>지지* |
| | <가설 5> 정보중간상의 역량이 소비자에게 알려져 있는 상황에서 정보중간상이 불성실하게 소비자 정보를 누출시켜 얻을 수 있는 비정상수익($G$)이 클수록 소비자가 개인정보 제공 시 정보중간상이 투자해야 한다고 느끼는 적정 정보보호 관련 투자 수준($I^*$)이 높을 것이다. | 지지 |
| | <가설 6> 정보중간상의 역량이 소비자에게 알려져 있는 상황에서 정보중간상을 통한 거래성사 시의 소비자 효용수준($V$)이 높을수록 소비자가 개인정보 제공 시 정보중간상이 투자해야 한다고 느끼는 적정 정보보호 관련 투자 수준($I^*$)이 낮을 것이다. | 부분<br>지지* |

* 단순회귀분석에서 지지하고, 다중회귀분석에서 기각됨.

## 2. 실증분석결과의 평가

### 1) 서비스 역량 신호전송 관련 실증결과 평가

<가설 1>과 <가설 2>가 채택됨으로써 소비자가 정보중간상의 역량과 자신의 위험지각 수준에 따라 개인정보 제공 여부 결정의 기준점을 다르게 적용한다는 사실이 확인되었다.

다음으로 <가설 3>이 채택됨으로써 실증분석을 통해 정보중간상이 제시하는 정보구매가격 즉, 회원전용 부가서비스 수준($P_H^*$)이 소비자에게 해당 정보중간상의 역량을 추론할 수 있는 단서(Cues)로서 받아들여진다는 사실이 확인되었다. 이 결과는

오프라인 상황에서의 신호전송수단과는 다소 차이가 있는 온라인 상황 고유의 신호전송수단이 독립적으로 존재할 수 있다는 사실을 의미하며 향후 온라인 고유의 신호를 규명할 연구의 필요성을 제기하는 증거로 볼 수 있다. 다만, 본 연구에서는 Kirmani and Wright(1989)의 연구에서 신호전송 실패의 원인이 될 수 있다고 지적한 "과잉성(Excessiveness)" 현상이 발생하지 않도록 사전조사를 통해 실험조작수준을 조절하였으므로, 본 실증의 결과는 새로운 서비스 역량 신호전송수단의 가능성을 실증적으로 확인한 것으로 해석해야지 "더 많은 부가서비스"가 곧 "더 큰 서비스 역량"을 의미하는 획일적 관계로 해석하는 것은 무리라는 점에 유의해야 할 것이다.

## 2) 고객정보보호의 성실성 신호전송 관련 실증결과 평가

<가설 5>가 채택된 결과는 디지털화 역기능 사례가 증가함에 따라 기업의 불성실 행위 가능성이 크다고 인식할수록 소비자가 기업에게 요구하는 정보보호 관련 선행적 투자 수준이 높아지게 된다는 사실을 의미한다. 이는 한계기업의 디지털화 역기능 유발행위로 인해 선량한 일반기업의 부담이 늘어나게 된다는 증거로 볼 수 있다.

<가설 4>와 <가설 6>이 각각의 단순회귀분석에서 지지되는데도 다중회귀분석에서 "정보중간상의 서비스 역량 수준($m$)"과 "거래성사 시의 소비자 효용 수준($V$)"라는 두 독립변수 사이의 상관관계로 인해 통계적 유의성 기준을 충족시키지 못하는 결과는 하나의 변수가 가지고 있는 정보가 다른 변수가 가지고 있는 정보와 중복된다는 뜻으로 해석할 수 있다(강명욱 외 1996). 다행히 독립변수 상호간의 독립성에 대한 가정이 훼손되

는 다중공선성의 문제는 없는 것으로 확인된다(Max{VIF$_j$}<1.5)
는 점에서 모형의 문제라기보다는 자료(Data)의 문제로 볼 수 있
으므로(강명욱 외 1996) 자료가 충분히 확보될 경우에 두 독립
변수가 서로 상관관계가 있더라도 통계적 유의성 기준을 충족시
킬 수 있는 설명력을 확보할 여지가 있다고 볼 수 있을 것이다.

또한 사전지식은 응답자의 확신과 유의적인 양(陽)의 관계가
있으며(Goff and Gibbs 1993), 특히 주관적 지식은 그 자체가 높은
확신을 형성하기 때문에 그것을 기준으로 내린 평가에 대한 신
뢰성(Reliance)을 증가시킨다고 한다(Cohen and Chakravarti 1990)는
선행연구결과를 토대로 사전지식("나는 인터넷 채용정보사이트
에 대해 잘 아는 편이다", "나는 인터넷 채용정보사이트를 이용
해본 경험이 있다"에 대한 동의정도를 7점 리커트 척도로 측정
한 결과)에 의한 매개효과 유발 가능성을 확인하는 추가적 회귀분석
을 실시해 본 결과, "거래성사 시의 소비자 효용 수준($V$)"이 높을수록
"주관적 지식"을 축적하는 경향이 있어서("거래성사 시의 소비자 효
용 수준($V$)"→"주관적 지식" 회귀분석 결과: F=29.769(p=0.000), 회귀
계수=0.589) "국내 최상위" 및 "소비자가 가장 선호하는 사이트"
등의 정보가 제시된 실험적 자극(채용정보사이트 소개)의 "서비
스 역량 수준($m$)"에 대해 긍정적으로 평가한다("주관적 지
식"→"서비스 역량 수준($m$)" 회귀분석 결과: F=7.070(p=0.009), 회
귀계수=0.143)고 해석할 수 있다.

끝으로 본 실증연구 과정에서 "완비정보(정보대칭)" 상황에
대한 실험적 조작은 엄밀한 의미에서 "추가적 정보(Additional
information)" 상황으로 볼 수 있으므로 본 실증결과의 해석 시 "절
대적 완비정보" 상황과 "추가적 정보" 상황의 차이를 고려하는 것
이 바람직할 것이다.

# 제10장 결론 및 시사점

## 제1절 연구결과의 요약

본 연구에서는 인터넷을 포함한 인류의 정보기술이 발전할수록 비례하여 심화되고 있는 디지털화 역기능이 비단 효율성의 발목을 잡는 것만이 아니고 선량한 일반기업에게 더 큰 부담을 주는 역차별적인 시장실패가 일어날 수 있다는 가능성을 문제로 제기하였다.

본 연구에서는 이러한 온라인 환경에서의 시장실패 즉, 온라인 시장실패 현상에 주목하여 온라인 환경에서 기업이 소비자의 신뢰 기반을 형성하는데 기여할 수 있는 대안을 신호전송 이론과 실증연구를 통해 모색하였다. 특히 신뢰 형성의 전제조건인 관계형성의 경험이 수반되지 않은 초기에 소비자의 신뢰 기반 형성을 위해서는 기업의 신호전송 과정이 주요 연구대상이 될 수 있는데, 기존 오프라인의 기업을 중심으로 연구된 가격, 광고, 보증 등의 신호전송수단이 온라인 기업에게는 활용하기 어려운 경우가 적지 않다. 실제 본 연구의 사전조사에서 나타난 소비자의 반응을 보면 온라인 기업의 서비스 역량과 성실성을 추론하기 위해 사용하는 단서(Cues)가 오프라인 기업의 그것과는 다소 차이를 보이고 있다. 이러한 맥락에서 온라인 환경 특유의 새로운 신호전송수단에 대한 모색이 필요한 시점이라는 판단하에 본 연구를 진행하였다.

본 연구의 주요결과는 다음과 같다.

우선, 온라인 환경에서는 기업이 종래의 오프라인 상황에서와는 다른 신호전송수단을 통하여 기업의 서비스 역량에 대한 신호를 소비자에게 전달할 수 있다는 점을 발견하였다. 본 연구에서는 사전조사결과를 토대로 온라인 정보중간상의 업태를 이론적으로 분석하여 "회원전용 부가서비스 혜택" 수준을 높임으로써 소비자에게 우수한 기업으로 인식될 수 있다는 사실을 확인하였다. 그리고, 실증적으로도 이를 입증하였다. 물론 "과잉신호" 등은 오히려 신호의 신뢰성을 저하시킬 수 있으므로 (Kirmani and Wright 1989) 무조건 더 많은 "회원전용 부가서비스 혜택"을 제시하는 것이 바람직한 것이 아니라는 점을 동시에 고려해야 할 것이다.

둘째, 기업의 역량과 성실성에 대한 신뢰가 있을 때와 없을 때의 기업의 마케팅 활동은 극단적으로 달라질 수 있다는 점을 확인하였다. 예를 들어 장기적인 로열티 증진 등 여타의 요인을 배제한다면 소비자가 기업의 서비스 역량을 알고 있을 때에는 기업의 역량이 소비자의 효용을 충분히 높여줄 수 있을 때 유료화 등 응분의 대가를 요구하여 받아낼 수 있지만, 그렇지 않은 경우에는 오히려 소비자에게 더 많은 부가서비스를 제공하는 것이 바람직할 수 있는 것이다.

셋째, 개인정보 및 사생활 침해에 대한 위험지각 수준이 높은 소비자로부터 개인정보를 수집하는 등 관계를 형성하기 위해서는 그렇지 않은 소비자보다 더 많은 보상을 해야 한다는 점을 확인하였다. 소비자의 유형에 맞추어 마케팅 제안을 할 필요가 있다는 금언을 다시 확인한 셈이다.

넷째, 한계기업의 정보 누출 등 일탈행위가 빈발하여 소비자가 기업의 비정상적 수익 확보 가능성을 높게 인식할수록 기업이 소비자의 신뢰를 얻어내기 위해 사전적으로 보여주어야 하는 개인정보 보호 관련 투자의 수준은 더 커지게 된다는 사실을 확인하였다. 이는 본 연구에서 제기하고 있는 온라인 시장실패의 문제가 악순환 될 수도 있는 난제라는 사실을 나타내는 것으로 볼 수 있다.


# 제2절 연구의 시사점

## 1. 연구의 이론적 시사점


본 연구가 이론적으로 가지는 첫 번째 시사점은 온라인 환경의 특성을 고려한 기업의 새로운 신호전송수단의 가능성을 확인하였다는 점이다. 본 연구는 가격, 광고, 보증 등 오프라인 기업의 다양한 신호전송수단에 대하여 이루어진 이론 및 실증 결과에 대한 온라인 환경 측면의 보완 및 확장 연구라고 볼 수 있다. 이를 통해 본 연구에서는 온라인 환경에서 급속히 진행되고 있는 디지털화 역기능에 의해 역차별적으로 더 큰 부담을 안게 된 선량한 일반기업에게 충분한 해법을 제시하지 못하고 있는 지금까지의 연구가 봉착한 제한점을 극복할 수 있는 보다 효과적인 온라인 환경에서의 신호전송수단을 발굴하였다.

둘째, 본 연구는 디지털화의 역기능이 초래하는 온라인 시장실패 현상에 대한 문제제기를 하여 관련 연구의 가능성을 제시하고 있다. 종래의 관련 연구가 대부분 소비자와 기업 사이의 양자간 관계에 초점을 맞추어 진행되었으나, 본 연구에서는 기업간의 질적 차이를 고려하여 소비자를 중심에 두고 선량한 일반기업이 한계기업과 차별화하기 위해 취해야 하는 마케팅

활동에 대한 규범적 방향제시를 하고 있다.

셋째, 본 연구는 아직 충분한 연구가 이루어지지 않고 있는 온라인 정보중간상이 서비스 역량 및 성실성에 대한 신호를 소비자에게 전송하는 과정에 대한 연구를 함으로써 향후 동종 및 관련 업종에 속한 기업의 행태에 접목할 수 있는 시사점을 제시하고 있다.

끝으로, 본 연구는 소비자에 내한 기업의 신호선송 행위에 대한 게임이론적 고찰과 소비자 정보처리이론에 입각한 실증 연구를 결부시켰다는 점과, 게임이론적 모형 내에 소비자 정보처리이론의 결과를 반영하였다는 점에서 종래의 연구방법론과 차별화된 시도를 하여 새로운 연구가능성을 모색하였다는 점도 지적할 수 있을 것이다.

## 2. 연구의 전략적 시사점

본 연구가 실무적으로 가지는 첫 번째 시사점은 정보중간상을 포함하는 온라인 기업들도 다양한 마케팅적 행위가 소비자에게 전달하는 신호로서의 기능에 주목해야 한다는 명제를 상기시키고 있다는 점이다. 예를 들어 업계의 관행처럼 제시해오던 종래의 회원전용 부가서비스 혜택 등의 현실적인 마케팅 수단이 소비자에게는 서비스 역량과 성실성에 대한 하나의 신호가 될 수 있는 것이다.

둘째, 회원전용 부가서비스 혜택과 같은 유사한 마케팅 수단도 기업이 처한 상황에 따라 차별화된 적용방안을 모색해야 한다는 점도 지적할 수 있다. 예를 들어 소비자에게 서비스 역량과 성실성 등에 대한 평판이 형성된 기업과 그렇지 않은 기업의 부가서비스 혜택 제시 방향은 다를 수 있는 것이다.

셋째, 최근 급속히 확산되고 있는 온라인 서비스 유료화의 성공을 위한 전제조건 중 하나가 바로 "정보비대칭성의 해소"라고 지적할 수 있을 것이다. 본 연구의 이론 및 실증 결과에서 나타나듯이 소비자가 해당 기업의 서비스 역량과 성실성에 대해 신뢰하지 못하는 상황에서는 유료화가 아니라 더 많은 혜택을 제공해야 할 수도 있는 것이다. 기업으로서는 서비스 자체의 실질적인 가치 증진 외에도 해당 서비스가 지니는 가치와 자신의 역량에 대한 신뢰를 심어줄 수 있는 추가적인 노력이 매우 중요하다는 사실을 의미하는 셈이다.


# 제3절 연구의 한계 및 향후 연구과제

## 1. 연구의 한계점

본 연구가 내포하고 있는 첫 번째 한계점은 연구의 범위가 신뢰구축의 과정 중에서 첫 단계에 국한되고 있다는 점이다. 신뢰의 형성에는 경험의 축적인 필수적이므로(Dyer and Chu 2000) 본 연구에서 다루어지고 있는 계산적 신뢰(Calculative trust)의 형성 단계 이후의 신뢰형성과정에 대한 포괄적인 연구가 필요하다.

둘째, 본 연구가 지니고 있는 일반화 가능성 면에서의 제약점을 지적할 수 있다. 온라인 환경에서의 온라인 시장실패 문제의 해소 방안을 규명하기 위해 초점을 맞추는 필연적 과정에서 특정 업종(온라인 정보중간상)을 중심으로 연구가 진행되어 다른 업종에 적용하는 것은 엄격한 조건하에서 가능할 것이다.

셋째, 본 연구의 이론모형은 현실의 모습을 간명하게 반영하는 한도에서 가장 간명한 모형(Parsimonious model)을 선택하였는데, 이는 반대로 다양한 현실의 복합적 현상을 설명하는데 제약요인이 될 수 있다.

끝으로, 본 연구에서는 온라인 징보중간상 중에시도 채용정보 사이트를 중심으로 실증 연구를 실시하여 결과적으로 본 연구의 실증결과를 해석함에 있어서 일반성 측면에서 한계를 가진다고 볼 수 있다.

## 2. 향후 연구과제

우선 본 연구에서 문제제기하고 있는 온라인 시장실패 해소를 위한 신뢰 구축의 과정에 대한 종합적 연구가 필요하다. 본 연구에서 신호전송 등을 통해 제시하고 있는 계산적 신뢰(Calculative trust) 형성 이후 이를 지속적 신뢰로 연결할 수 있는 방안에 대한 확장 연구가 필요하다고 생각된다.

둘째, 디지털화 역기능이 유발하는 온라인 시장실패 현상은 광범위하게 발생하고 있으므로 본 연구에서 다루고 있는 정보중간상 이외 업종에서의 대안을 모색하는 보완적 연구가 필요하다.

셋째, 본 연구의 이론모형에서 채택하고 있는 단일변수 신호전송모형을 확장하여 복합변수 신호전송모형을 연구함으로써 현실 설명력을 높일 필요가 있다.

넷째, 본 연구에서 조명하고 있는 온라인 채용정보 업종 이외의 분야에서의 관련 실증연구를 통한 보완이 필요하다.

끝으로, 본 연구에서 제시하고 있는 온라인 환경에서의 새로운 신호전송수단(예: 회원전용 부가서비스 혜택) 외의 대안에 대한 확장적 연구도 가능할 것이다.

# 참고문헌

## 1. 국내문헌


강명욱, 김영일, 안철환, 이용구(1996), 회귀분석: 모형개발과 진단, 율곡출판사

김동원(2003), "온라인 환경에서 신뢰의 이중차원이 구매의도에 미치는 비대칭적 영향에 관한 연구," 서울대학교 경영학 박사 학위논문

김영걸, 박정훈(1999), "정보기술을 활용한 동적인 고객관계관리: 개념적 틀과 사례연구," 한국고객만족학회 춘계학술대회 발표자료

김원수, 김재일, 주우진(1996), 마케팅정보론, 박영사

김재일(2001), 인터넷 마케팅, 박영사

김종범(1996), "정보화사회에 있어서의 역기능과 대책," 한국행정연구, 제5권 3호, pp.76-101

박병섭(1987), "정보화사회에 있어서 정보의 상품성에 관한 연구," 서울대학교 신문학석사학위논문

박유식, 한명희(2001), "인터넷 쇼핑몰에서 위험지각과 품질지각이 구매의도에 미치는 영향," 마케팅 연구, 제16권 1호(3월), pp.59-84

박치관(1999), "가상시장에서의 중개인의 필요성과 역할변화에

관한 연구," 경영정보학 연구, 제9권 1호, pp.1-16.

송창석(1996), "가상환경에서의 연결마케팅에 관한 연구," 서울대학교 경영학 박사학위논문

신성휘(2003), 게임이론 길라잡이, 박영사

안광호, 윤면상(1990), "소비자 만족/불만족에 대한 귀인과정에 있어서의 관여수준이 조징적 역힐," 소비자학 연구, 제1권 2호, pp.43-58.

윤성준(2000), "웹쇼핑몰 사이트 신뢰도의 결정요인과 구매의향에 미치는 영향에 관한 시뮬레이션 접근방법," 경영학 연구, 제29권 3호(8월), pp.353-376

이문규, 최은정(2001), "인터넷 쇼핑에 따른 소비자의 위험지각에 관한 탐색 연구," 한국마케팅저널, 제2권 4호, pp.36-53

이준구(1993), 미시경제학, 2판, 법문사

임종원, 김기찬(1990), "기업간 관계구조를 통한 Relationship Marketing전략에 관한 연구," 경영논집, 제24권 3호, pp.27-60

임종원, 이동일(1999), 디지털 시대의 정보중간상, 서울대학교 경영대학 전자상거래 지원센터, 전자상거래 교재개발 시리즈

임종원, 조호현, 박형진(1997), "정보기술과 연결마케팅공동체 전략," 마케팅학회 춘계학술대회 발표자료

임종원, 김재일, 홍성태, 이유재(1994), 소비자행동론, 경문사

정보통신부(2002), 중장기 정보보호 기본계획(안), 공개자료

한국소비자보호원 사이버소비자센터(2000), 개인정보보호 및 스팸메일에 대한 소비자 의식조사 보고서(http://cbp.or.kr)

한국정보보호진흥원(2001), 2001 정보화 역기능 실태조사보고서, 공개자료

한동근(1997), 게임이론: 전략적 의사결정의 이론과 응용, 경문사


## 2. 외국문헌



Akerlof, George A.(1970), "The Market for 'Lemons': Quality Uncertainty and the Market Mechanism," *Quarterly Journal of Economics*, Vol. 84(August), pp.488-500

Anderson, J. C. and J. A. Narus(1990), "A Model of Distributor's Perspective of Distributor-Manufacturer Working Relationships," *Journal of Marketing*, Vol. 54(January), pp.42-58.

Archibald, Robert, Clyde Haulman and C. Moody Jr.(1983), "Quality, Price, Advertising and Published Quality Ratings," *Journal of Consumer Research*, Vol. 9(March), pp.347-356.

Barber, Bernard(1983), *The Logic and Limits of Trust*, New Brunswick, NJ: Rutgers University Press.

Barney, Jay B. and Mark H. Hansen(1994), "Trustworthiness as a Source of Competitive Advantage," *Strategic Management Journal*, Vol. 15, pp.175-190

Baty, James and Ronald Lee(1995), "Intershop: Enhancing the Vendor/Customer Dialectic in Electronic Shopping," *Journal of Management Information Systems*, Vol. 11(4), pp.9-31.

Bauer, Raymond A.(1960), "Consumer Behavior as Risk Taking," (in Robert S. Hancock editor) *Dynamic Marketing for a Changing World*, Proceedings of 43rd National Marketing Association, pp.389-398

Benjamin, R. and Rolf Wigand(1995), "Electronic Markets and Virtual Value Chains on the Information Superhighway," *Sloan Management Review*, Winter, pp.62-71.

Bloch, Michael, Yves Pigneur and Arie Segev(1996), "On the Road of Electronic Commerce: A Business Value Framework," (http://haas. berkeley.edu/~bloch/docs/paper_ee) 재인용 in 송창석(1996), "가상 환경에서의 연결마케팅에 관한 연구," 서울대학교 경영학 박사 학위논문

Bloom, Paul N., George R. M. and Robert Adler(1994), "Avoiding Misuse of New Information Technologies: Legal and Societal Considerations," *Journal of Marketing*, Vol. 58(January), pp.98-110

Boulding, William and Amna Kirmani(1993), "A Consumer-Side Experimental Examination of Signaling Theory: Do Consumers Perceive Warranties as Signals of Quality?," *Journal of Consumer Research*, Vol. 20(June), pp.111-123

Brynjolffson, Erik and Brian Kahin(2000), *Understanding the Digital Economy: Data, Tools and Research*, The MIT Press, Cambridge, Massachusetts and London, England.

Brynjolffson, Erik and Michael Smith(2000), "Fricionless Commerce? A Comparion of Internet and Conventional Retailers," *Management Science*(April), pp.563-585.

Bradach, Jeffery and Robert Eccles(1989), "Price, Authority and Trust: From Ideal Types to Plural Forms," *Annual Review of Sociology*, Vol. 15, pp.97-118.

Carmines, Edward G. and Richard A. Zeller(1979), "Reliability and Validity Assessment," *Sage University Paper Series on Quantitative Applications in the Social Sciences*, Beverly Hills, Sage Publications

Caruso, D.(1995), "Digital commerce," *New York Times*, August 21, p.C3 재인용 in 박유식, 한명희(2001), "인터넷 쇼핑몰에서 위험지각과 품질지각이 구매의도에 미치는 영향," 마케팅 연구, 제16권 1호(3월), pp.59-84

Caves, R. and D. Greene(1996), "Brands' Quality Levels, Prices, and Advertising Outlays: Empirical Evidence on Signals and Information Costs," *International Journal of Industrial Organization*, Vol. 14(1), pp.29-52.

Chatterjee, Sammprit, Ali Hadi and Beteram Price(2000), *Regression Analysis By Example(Third Edition)*, John Wiley and Sons, Inc.

Chen, Yuxin, Ganesh Iyer and V. Padmanabhan(2002), "Referral Infomediaries," *Marketing Science*, Vol. 21(4), pp.412-434

Cheskin Research(1999), "eCommerce Trust Study," A Joint Research Project by Cheskin and Studio Archetype/Sapient(January) (http://www.cheskin.com)

Chu, Wujin(1992), "Demand Signaling and Screening in Channels of Distribution," *Marketing Science*, Vol. 11(4), pp.327-347

Chu, Wujin and Woosik Chu(1994), "Signaling Quality by Selling through a Reputable Retailer: An Example of Renting the Reputation of Another Agent," *Marketing Science*, Vol. 13(2), pp.177-189

Churchill, Gillbert A. Jr.(1979), "A Paradigm for Developing Better Measures of Marketing Constructs," *Journal of Marketing Research*, Vol. 16(Feb), pp.64-73

Cohen, Joel and Dipankar Chakravarti(1990), "Consumer Psychology," *Annual Review of Psychology*, September, pp.341-361

Culnan, Mary J.(1993), "How Did They Get My Name?: An Exploratory Investigation of Consumer Attitude Toward Secondary Information Use," *MIS Quarterly*, September, pp.341-361

Culnan, Mary J.(1995), "Consumer Awareness of Name Removal Procedures: Implications for Direct Marketing," *Journal of Direct Marketing*, Vol.9(Spring), pp.10-19

Culnan, Mary J.(1999), "Georgetown Internet Privacy Survey: Report to the Federal Trade Commission," June(http://www.msb.edu/faculty/ culnanm)

Cunningham, S. M.(1967), "The Major Dimensions of Perceived Risk," in *Risk Taking and Informations Handling in Consumer Behavior*, D. F. Cox, ed. Boston: Harvard University Press.

Dayal, Sandeep, Helene Landesberg and Michael Zeisser(1999), "How

To Build Trust Online," *Marketing Management*, Fall, pp.64-69.

Dawar, N. and Miklos Savary(1997), "The Signaling Impact of Low Introductory Price on Perceived Quality and Trial," *Marketing Letters*, Vol.8(3), pp.251-259.

Deutsch, M.(1995), "Trust and Suspicion," *Journal of Conflict Resolution*, Vol. 2, pp.265-279

Doney, Patricia and Joseph Cannon(1997), "An Examination of the Nature of Trust in Buyer-Seller Relationships," *Journal of Marketing*, Vol.61(April), pp.35-51.

Dyer, Jeffery H. and Wujin Chu(2000), "The Determinants of Trust in Supplier-automaker Relationships in the U.S., Japan and Korea," *Journal of International Business Studies*, Vol. 31(2), pp.259-285

Dyer, Jeffery H. and Wujin Chu(2003), "The Role of Trustworthiness in Reducing Transaction Costs and Improving Performance: Empirical Evidence from the United States, Japan and Korea," *Organization Science*, Vol. 14(1), pp.57-68

Fogg, B. J., Mrshall, O., A. Osipovich, Varma, N., J. Paul, A. Rangnekar, J. Shon, P. Swani and M. Treinen(2001), "What Makes Web Sites Credible? A Report on a Large Quantitative Study," *ACM SIGCHI*, Vol.3(1), pp.61-67.

Fudenberg, Drew and Jean Tirole(1992), *Game Theory*, The MIT Press.

Ganesan, S.(1994), "Determinants of Long-term Orientation in Buyer-Seller Relationships," *Journal of Marketing*, Vol.58(April), pp.1-19.

Ganesan, S. and Ron Hess(1997), "Dimensions and Levels of Trust: Implications for Commitment in Customer Relationships," *Marketing Letters*, Vol.8(4), pp.439-448.

Gerlach, Michael L.(1992), *Alliance Capitalism*, Berkeley: University of California Press.

Gerstner, Eitan(1985), "Do Higher Prices Signal Higher Quality?," *Journal of Marketing Research*, Vol.22(May), pp.209-215.

Gibbons, Robert(1992), *Game Theory for Applied Economists*, Princeton University Press.

Gilmore, James and Joseph Pine(2000), *Markets of One*, Harvard Business School Press, Boston.

Goff, Brent and Manton Gibbs(1993), "Denominational Affiliation Change: Application of The Consumer Decision Model," *Journal of Consumer Affairs*, Vol.27(2), pp.227-257.

Goodwin, Gathy(1991), "Privacy: Recognition of Consumer Right," *Journal of Public Policy and Marketing*, Vol. 10(Spring), pp.149-166.

Granovetter, Mark(1985), "Economic Action and Social Structure: The Problem of Embeddedness," *American Journal of Sociology*, Vol. 91(3), pp.481-510.

Gulati, Ranjay(1995), "Familiarity breeds trust? The implications of repeated ties for contractual choice on alliances," *Academy of Management Journal*, Vol. 38, pp.85-112.

Hagel, John III and Jeffrey F. Rayport(1997), "The coming battle for customer information," *Harvard Business Review*, Vol. 75(1), pp.53-65.

Hagel, John III and Marc Singer(1999), *Net Worth*, Harvard Business School Press, Boston, Massachusetts.

Hoffman, Donna L. and Thomas P. Novak(1996), "Marketing in Hypermedia Computer-Mediated Environments: Conceptual Foundations," *Journal of Marketing.* Vol. 60(July), pp.50-68.

Hoffman, Donna L., Thomas P. Novak and Macros Peralta(1999), "Building Consumer Trust Online," *Communications of the ACM*, Vol. 42(4), pp.80-85.

Jacoby, Jacob and Leon B. Kaplan(1972), "The Components of Perceived Risk," in *Proceedings of the 3rd Annual Conference*, Association for Consumer Research, pp.382-393

Jacoby, Jacob, Jerry Olson and R. A. Haddock(1971), "Price, Brand Name and Product Composition Characteristics as Determinants of Perceived Quality," *Journal of Applied Psychology*, Vol. 55, pp.570-579

Jarvenpaa, Srikka and Peter Todd(1997), "Consumer Reactions to Electronic Shopping on the World Wide Web," *International Journal of Electronic Commerce*, Vol. 1(2), pp.59-88.

Jarvenpaa, Srikka, Joan Tractinsky and L. Saarinen(1999), "Consumer Trust in an Internet Store: A Cross-cultural Validation," *Journal of Computer Mediated Communication*, Vol. 5(2), http://www.asusc.org/jcmc/vol5/issue2.

Jarvenpaa, Srikka, Joan Tractinsky and Michel Vitale(2000), "Consumer Trust in an Internet Store," *Information Technology and Management,*

Vol. 1(1-2), pp.45-71.

Kelly, C.(1988), "An Investigation of Consumer Product Warranties as Market Signals of Product Reliability," *Journal of the Academy of Marketing Science*, Vol.11(2), pp.72-78.

Kihlstrom, Richard and Michael Riordan(1984), "Advertising as a Signal," *Journal of Political Economy*, Vol. 92, pp.427-450

Kirmani, Amna and Peter Wright(1989), "Money Talks: Perceived Advertising Expense and Expected Product Quality," *Journal of Consumer Research*, Vol. 16, pp.344-353

Kirmani, Amna(1990), "The Effect of Perceive Advertising Costs on Brand Perceptions," *Journal of Consumer Research*, Vol. 17, pp.160-171

Kirmani, Amna(1997), "Advertising Repetition as a Signal of Quality: Is It's Advertised So Much, Something Must Be Wrong," *Journal of Advertising*, Vol. 26, pp.77-86

Kirmani, Amna and Akshay Rao(2000), "No Pain, No Gain: A Critical Review of the Literature on Signaling Unobservable Product Quality," *Journal of Marketing*, Vol. 64(April), pp.66-79.

Klein, Benjamin(1980), "Transaction Cost Determinants of 'Unfair' Contractual Arrangements," *American Economic Review*, Vol. 70(2), pp.356-362

Klein, B. and K. Leffler(1981), "The Role of Market Forces in Assuring Contractual Performance," *Journal of Political Economy*, Vol. 89, pp.615-641

Klein, Daniel(2001), "Trust and Privacy on the Internet," *Consumers' Research*, January, pp.21-22.

Klein, Daniel(2001), "Trust and Privacy on the Internet," *Consumers' Research*, January, pp.21-22.

Klein, Stefan and Thomas Langenohl(1994), "Electronic Markets: An Introduction," Shertler, Walter; Beat Schmid; A. Tjoa Min; Hannes Werthner(Eds.), *Information and Communication Technologies in Tourism*, Wien, New York: Springer-Verlag, 1994, pp.262-270.

Kollock, Peter(1999), "The Production of Trust in Online Markets," in Edward Lawler et al., eds., *Advances in Group Processes*, Vol.16(Greenwich CT:JAI Press).

Lewicki, R. J. and D. J. McAllister(1998), "Trust and Distrust: New Relationships and Realities," *Academy of Management Review*, Vol.23(3), pp.438-458.

Lutz, Nancy and V. Padmanabhan(1995), "Why Do We Observe Minimal Warrnaties?," *Marketing Science*, Vol. 14(4), pp.417-441

Mattew, Lee and Efraim Turban(2001), "Trust Model for Consumer Internet Shopping," *International Journal of Electronic Commerce*, Vol. 6(1), pp.75-91.

Mayer, R. C., J. H. Davis and F. D. Schoorman(1995), "An Integrative Model of Organizational Trust," *Academy of Management Review*, Vol. 20(3), pp.709-734

McAllister, Daniel(1995), "Affect- and Cognition-based Trust as

Foundations for Interpersonal Cooperation in Organization," *Academy of Management Journal*, Vol. 38(1), pp.24-59.

McKim, Robert(1999), "Information: The Newest Currency: Are You Ready and Willing to Pay for It?," *Target Marketing*, Vol. 22(July), pp.36-38

McKim, Robert(2001), "Privacy Notice: What they mean and how marketers can prepare for them," *Journal of Database Marketing*, Vol. 9(1), pp.79-84

Milgrom, Paul and John Roberts(1986), "Price and Advertising Signals of Product Quality," *Journal of Political Economy*, Vol. 94, pp.796-821

Miyazaki and Fernandez(2000), "Internet Privacy and Security," *Journal of Public Policy and Marketing*, Vol. 19(1), pp.54-61

Mizno, M. and Hyroyuki Odagiri(1989), "Does Advertising Mislead Consumers to Buy Low-Quality Products?," *International Journal of Industrial Organization*, Vol. 8(4), pp.545-588.

Monroe, Kent B.(1990), *Pricing: Making Profitable Decisions*, McGraw-hill publishing company

Moorman, C., G. Zaltman and R. Deshpande(1992), "Relationships between Providers and Users of Market Research: The Dynamics of Trust within and between Organizations," *Journal of Marketing Research*, Vol. 29(August), pp.314-328.

Moorthy, Sridhar and Kannan Srinivasan(1995), "Signaling Quality with a Money-back Guarantee: The Role of Transaction Costs,"

*Marketing Science*, Vol. 14(4), pp.442-464

Morgan, Robert and Shelby Hunt(1994), "The Commitment-Trust Theory of Relationship Marketing," *Journal of Marketing*, Vol. 58(July), pp.20-38.

Nelson, P.(1970), "Information and Consumer Behavior," *Journal of Political Economy*, Vol. 78(2), pp.311-329

Nemmers, Brady(1996), "The Internet and The Future of Marketing: An Interactive Exploration," *Working Paper*, University of Michigan, An Arbor.

Nowak, Glen J. and Joseph Phelps(1992), "Understanding Privacy Concerns," *Journal of Direct Marketing*, Vol. 6(4), pp.28-39

Nowak, Glen J. and Joseph Phelps(1995), "Direct Marketing and the Use of Individual Level Consumer Information: Determining How and When 'Privacy' Matters," *Journal of Direct Marketing*, Vol. 9(3), pp.46-60

Nunnally, Jum C.(1978), *Psychometric Theory*, 2nd Edition, New York, McGraw-Hill Book Company

Olson, Jerry(1977), "Price as an Informational Cue: Effects in Product Evaluation," in *Consumer and Industrial Buying Behavior*, Woodside, Sheth and Bennett eds. New York: North Holland Publishing Company, pp.267-286

Olson, Jerry and Jacob Jacoby(1972), "Cue Utilization in the Quality Perception Process," in *Proceedings of the 3rd Annual Conference of the Association for Consumer Research*, Venkatesan ed. Iowa City: Association for Consumer Research, pp.167-179

Palmer, J., J. Bailey and S. Faraj(2000), "The Role of Intermediaries in the Development of Trust on the WWW: The Use and Prominence of Trusted Third Parties and Privacy Statements," *Journal of Computer Mediated Communication*, Vol. 5(3).

Pallab, Paul(1996), "Marketing on the Internet," *Journal of Consumer Marketing*, Vol. 13, pp.27-39.

Patterson, Mark(2001), "On the Impossibility of Information Intermediaries," *Working Paper*, Sloan School of Management, MIT.

Phelps, Joseph, Glen Novak and Elizabeth Ferrell(2000), "Privacy Concerns and Consumer Willingness to Provide Personal Information," *Journal of Public Policy and Marketing*, Vol. 19(1), pp.27-41

Peter, J. P. and M. J. Ryan(1976), "An Investigation of Perceived Risk at the Brand Level," *Journal of Marketing Research*, Vol. 13(May), pp.184-188

Prabhu, Jaideep and David W. Stewart(2001), "Signaling Strategies in Competitive Interaction: Building Reputations and Hiding the Truth," *Journal of Marketing Research*, Vol.38(February), pp.62-72.

Pruitt, Dean(1981), *Negotiation Behavior*, New York: Academic Press.

Rao, Akshai and Humaira Mahi(2000), "The Price of Launching a New Product: Empirical Evidence on the Use of Slotting Allowances," *Working Paper,* Carlson School of Management, University of

Minnesota. 재인용 in Kirmani, Amna and Akshay Rao(2000).

Rao, Akshai and Robert Ruekert(1999), "Signaling Unobservable Quality Through a Brand Ally," *Journal of Marketing Research*, Vol.36(May), pp.258-268.

Rao, Bharat and Vanitha Swaminathan(1996), "Antecedents to Electronic Exchange: A Conceptual Model," Jagdish Sheth and Atul Parvatiyar(Eds), *Contemporary Knowledge of Relationship Marketing*, 1996 Research Conference Proceedings, Emory University, Atlanta.

Rayport, Jeffery and John Sviokla(1994), "Managing in the Marketspace," *Harvard Business Review*, November-December, pp.141-150.

Rotfeld, Herbert and Kim Rotzoll(1976), "Advertising and Product Quality: Are Heavily Advertised Products Better?," *The Journal of Consumer Affairs*, Vol.10(1), pp.33-47.

Rousseat, S. B., S. B. Sitkin, R. S. Burt and C. Camerer(1998), "Not So Different After A ll: A Cross-Discipline View of Trust," *Academy of Management Review*, Vol.23(3), pp.393-404.

Sarkar, Butler and Steinfield(1995), "Intermediaries and Cybermediaries: A Continuing Role for Mediating Players in the Electronic Marketplace," *Journal of Computer-mediated Communication*, Vol. 1(3)

Sako, Mari(1991), "The Role of Trust in Japanese Buyer-Supplier Relationships," *Ricerche Economiche,* Vol. XLV(2-3), pp.449-474

Schmid, Beat F.(1995), "Electronic Retail Markets," *EM-Electronic Markets*, Vol. 13-14(January), pp.3-4.

Schneiderman, Ben(2000), "Designing Trust into Online Experiences," *Communications of the ACM*, Vol. 43(12), pp.57-59.

Shankar, Venkatesh, Arvind Rangaswamy and Michael Pustery(1998), "The Impact of Internet Marketing on Price Sensitivity and Price Competition," Presented at *Marketing Science and the Internet*, INFORM College on Marketing Mini-conference. Cambridge, MA, March pp. 6-8.

Shankar, Venkatesh, Fareena Sultan, Glen Urban and Iakov Bart(2002), "The Role of Trust in Online Customer Support," *Working Paper*, Sloan School of Management, MIT, Cambridge, MA 02142.

Sheehan, K. B. and M. G. Hoy(2000), "Dimensions of Privacy Concern Among Online Consumers," *Journal of Public Policy and Marketing*, Vol. 19(Spring), pp.62-73.

Signaw, J. A., P. M. Simpson and T. L. Baker(1998), "Effects of Supplier Market Orientation on Distributor Market Orientation and the Channel Relationship: The Distributor Perspective," *Journal of Marketing*, Vol. 62(July), pp.99-111.

Singh, Jagdip and Deepak Sirdeshmukh(2000), "Agency and Trust Mechanisms in Consumer Satisfaction and Loyalty Judgments," *Journal of the Academy of Marketing Science*, Vol. 28(1), pp.150-167.

Smith, Michael, Hoseph Bailey and Erik Brynjolfsson(2000), "Understanding Digital Markets: Review and Assessment," *Erik Brynjolfsson and Brian Kahin, eds., Understanding the Digital Economy*, MIT Press, Cambridge, MA.

Spence, Michael(1973), "Job Market Signaling," *Quarterly Journal of*

*Economics,* Vol. 87(3), pp.355-374.

Sultan, Fareena, Glen Urban, Venkatesh Shankar and Iakov Bart(2002), "Determinants and Consequences of Trust in e-Business," *Working Paper*, Sloan School of Management, MIT, Cambridge, MA 02142.

Sureshchandar, G.S., Chandarsekharan Rajendran and R. N. Anantharaman(2002), "Determinants of customer-perceived service quality: a confirmatory factor analysis approach," Journal of Service Marketing, Vol. 16, pp.9-34.

Tan, Yao-hua and Walter Thoen(2002), "Formal aspects of a generic model of trust for electronic commerce," *Decision Support Systems*, Vol. 33, pp.223-246.

Tellis, Gerard and Birger Wernerfelt(1987), "Competitive Price and Quality Under Asymmetric Information," *Marketing Science*, Vol. 6(Summer), pp.240-253.

Tirole, Jean(1988), *The Theory of Industrial Organization*, The MIT Press.

Urban, Glen, Fareena Sultan and William Quells(1998), "Trust-based Marketing on the Internet," *Working Paper* #4035-98, Sloan School of Management, MIT.

Urban, Glen, Fareena Sultan and William Quells(2000), "Placing Trust at the Center of Your Internet Strategy," *Sloan Management Review,* Vol. 42, pp.39-48

Uzzi, B.(1997), "Social Structure and Competition in Interfirm

Networks: The Paradox of Embeddedness," *Administrative Science Quarterly,* Vol. 42, pp.35-67

Valente, Kristin(2002), "Trust Management: Proving Privacy," *Intelligent Enterprise*, May 28, pp.60-61.

Webster, Frederick E.(1992), "The Changing Role of Marketing in the Corporation," *Journal of Marketing*, Vol. 56(October), pp.1-17.

Whiting, R.(2002), "Wary Customers Don't Trust Businesses To Protect Privacy," *Informationweek.com,* August 19, p.34

Wiener, Joshua(1985), "Are Warranties Accurate Signals of Product Reliability?," *Journal of Consumer Research*, Vol. 12(September), pp.245-250.

Williamson, Oliver E.(1983), "Credible Commitments: Using Hostages to Support Exchange," *The American Economic Review*, Vol. 73(4), pp.519-535.

Williamson, Oliver E.(1993), "Calculativeness, Trust and Economic Organization," *Journal of Law and Economics*, Vol. 36, pp.453-486.

Zaheer, A., B. McEvily and V. Perrone(1998), "Does Trust Matter? Exploring the Effects of Interorganizational and Interpersonal Trust on Performance," *Organization Science*, Vol. 9(2), pp.141-159.

Zeithaml, Valarie A.(1988), "Consumer Perceptions of Price, Quality and Value: A Means-End Medel and Synthesis of Evidence," *Journal of Marketing*, Vol. 87(3), pp.355-374

Zeithaml, Valarie A.(2002), "Service Excellence in Electronic

Channels," *Managing Service Quality*, Vol. 12(3), pp.135-138

Zimmermann, Hans-Dieter(1994), "The Design of Future Telematic Systems for Private Customers," *EM-Electronic Markets*, Vol. 12(September), pp.11-12.

# 부록: 설문지

## 인터넷 채용정보 사이트에 대한 사용자 의식 조사(실험 1-1)

안녕하십니까?

귀하께서 하시는 모든 일에 행운이 함께하길 기원합니다. 본 설문은 인터넷 채용정보 사이트 이용 관련 사용자 의식 조사입니다. 답변해 주신 내용은 모두 연구서 작성을 위한 자료 분석을 위해서만 사용되며, 귀하의 개인 정보는 법에 의해 보호됨을 약속 드립니다. 바쁘시더라도 본 설문에 협조하여 주시면 대단히 감사하겠습니다. 차분히 읽으시고 답변해주실 것을 부탁드립니다.

<사전 질문> 다음은 인터넷 채용정보 사이트에 대한 귀하의 일반적인 의견을 묻는 질문입니다. 동의하시는 정도를 표시해 주십시오.

| | 전혀 아니다 | 보통 | 매우 그렇다 |
|---|---|---|---|
| 1) 나는 인터넷 채용정보 사이트에 대해 잘 아는 편이다. | ①---②---③---④---⑤---⑥---⑦ | | |
| 2) 나는 인터넷 채용정보 사이트를 이용해본 경험이 있다. | ①---②---③---④---⑤---⑥---⑦ | | |
| 3) 어떤 인터넷 채용정보 사이트에 회원으로 가입할지 결정하는 것은 나에게 매우 중요한 결정이다. | ①---②---③---④---⑤---⑥---⑦ | | |
| 4) 나는 어떤 인터넷 채용정보 사이트에 회원가입 여부를 결정하기 전에 많은 생각을 한다. | ①---②---③---④---⑤---⑥---⑦ | | |
| 5) 인터넷 채용정보 사이트에 회원가입 여부 선택을 잘못하는 것은 나에게 큰 피해가 된다. | ①---②---③---④---⑤---⑥---⑦ | | |

## 상황 설정

귀하가 인터넷 채용정보 사이트를 통해
채용정보 검색 및 구직하려고 합니다.

### 퍼스트잡(www.firstjob.co.kr)

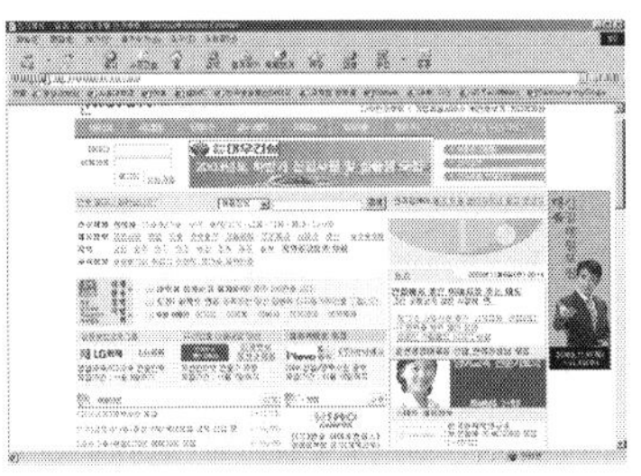

<설명>

퍼스트잡(www.firstjob.co.kr)은 최근 벤처 컨소시엄에서 투자하여 오픈한 신규 채용정보 업체입니다. 현재 온라인 채용정보협회 회원입니다.

## 본 사이트 회원가입 시의 부가서비스 혜택

**1.** 제휴 패밀리 레스토랑 할인권(**5,000원**) 증정

**2.** 무료 증명사진 서비스 제공

1. 다음은 위 사이트(퍼스트잡, www.firstjob.co.kr)에 대한 귀하의 의견을 묻는 질문입니다. 동의하시는 정도를 표시해 주십시오.

|  | 전혀 아니다 | 보통 | 매우 그렇다 |
|---|---|---|---|
| 1) 이 사이트는 내가 원하는 정보를 많이 가지고 있을 것이다. | ①---②---③---④---⑤---⑥---⑦ | | |
| 2) 이 사이트를 통해 내가 원하는 회사와 일(Job)을 구할 수 있을 것이다. | ①---②---③---④---⑤---⑥---⑦ | | |
| 3) 이 사이트는 고품질의 서비스를 제공할 것이다. | ①---②---③---④---⑤---⑥---⑦ | | |
| 4) 이 사이트는 개인정보보호에 많은 관심을 가질 것이다. | ①---②---③---④---⑤---⑥---⑦ | | |

2. 다음은 위 사이트(퍼스트잡, www.firstjob.co.kr)의 부가서비스에 대한 귀하의 의견을 묻는 질문입니다. 동의하시는 정도를 표시해 주십시오.

|  | 전혀 아니다 | 보통 | 매우 그렇다 |
|---|---|---|---|
| 1) 이 사이트는 회원가입 시 부가서비스 혜택을 많이 제공하는 편이다. | ①---②---③---④---⑤---⑥---⑦ | | |
| 2) 이 사이트는 회원전용 부가서비스 혜택에 많은 비용을 투입한다. | ①---②---③---④---⑤---⑥---⑦ | | |
| 3) 이 사이트는 회원전용 부가서비스에 많은 노력을 기울이고 있다. | ①---②---③---④---⑤---⑥---⑦ | | |

### 잡123(www.job123.co.kr)

<설명>
잡123(www.job123.co.kr)은 최근 벤처 컨소시엄에서 투자하여 오픈한 신규 채용정보 업체입니다. 현재 온라인 채용정보협회 회원입니다.

**본 사이트 회원가입 시의 부가서비스 혜택**
**1.** 제휴 패밀리 레스토랑 할인권(**2,000원** ) 증정

1. 다음은 위 사이트(잡123, www.job123.co.kr)에 대한 귀하의 의견을 묻는 질문입니다. 동의하시는 정도를 표시해 주십시오.

| | 전혀<br>아니다 | 보통 | 매우<br>그렇다 |
|---|---|---|---|
| 1) 이 사이트는 내가 원하는 정보를 많이 가지고 있을 것이다. | ①---②---③---④---⑤---⑥---⑦ | | |
| 2) 이 사이트를 통해 내가 원하는 회사와 일(Job)을 구할 수 있을 것이다. | ①---②---③---④---⑤---⑥---⑦ | | |
| 3) 이 사이트는 고품질의 서비스를 제공할 것이다. | ①---②---③---④---⑤---⑥---⑦ | | |
| 4) 이 사이트는 개인정보보호에 많은 관심을 가질 것이다. | ①---②---③---④---⑤---⑥---⑦ | | |

2. 다음은 위 사이트(잡123, www.job123.co.kr)의 부가서비스에 대한 귀하의 의견을 묻는 질문입니다. 동의하시는 정도를 표시해 주십시오.

| | 전혀<br>아니다 | 보통 | 매우<br>그렇다 |
|---|---|---|---|
| 1) 이 사이트는 회원가입 시 부가서비스 혜택을 많이 제공하는 편이다. | ①---②---③---④---⑤---⑥---⑦ | | |
| 2) 이 사이트는 회원전용 부가서비스 혜택에 많은 비용을 투입한다. | ①---②---③---④---⑤---⑥---⑦ | | |
| 3) 이 사이트는 회원전용 부가서비스에 많은 노력을 기울이고 있다. | ①---②---③---④---⑤---⑥---⑦ | | |

## 인터넷 이용 일반

1. 귀하가 인터넷을 가장 많이 이용하시는 장소는 어디입니까?
① 가정   ② 직장   ③ 학교   ④ PC방   ⑤ 기타:_______

2. 귀하께선 일주일에 **인터넷을 어느 정도 이용**하십니까? ___시간
정도

3. 귀하께선 한 달에 한 번 이상 사용하는 **이메일**을 몇 개나
가지고 계십니까?
① 1개   ② 2개   ③ 3개   ④ 4개   ⑤ 5개   ⑥ 6개 이상   ⑦ 없음

4. 귀하는 **유료**로 이용하시는 사이트가 몇 개나 있으십니까?
① 1-2개   ② 3-4개   ③ 5-6개   ④ 7-8개   ⑤ 9-10개   ⑥ 11개 이상
⑦ 없음

## 응답자 질문

1. 귀하의 성별은? (1) 남         (2) 여

2. 귀하의 나이는? 만 _____ 세

3. 귀하의 직업은?
(1) 대학생   (2) 대학원생   (3) 직장인   (4) 사업가   (5) 전문직
(6) 무직   (7) 기타

- 오랜 시간 설문에 응답해주셔서 대단히 감사합니다 -

# 인터넷 채용정보 사이트에 대한 사용자 의식 조사(실험 1-2)

안녕하십니까?

귀하께서 하시는 모든 일에 행운이 함께하길 기원합니다. 본 설문은 인터넷 채용정보 사이트 이용 관련 사용자 의식 조사입니다. 답변해 주신 내용은 모두 연구서 작성을 위한 자료 분석을 위해서만 사용되며, 귀하의 개인 정보는 법에 의해 보호됨을 약속 드립니다. 바쁘시더라도 본 설문에 협조하여 주시면 대단히 감사하겠습니다. 차분히 읽으시고 답변해주실 것을 부탁드립니다.

<사전 질문> 다음은 인터넷 채용정보 사이트에 대한 귀하의 일반적인 의견을 묻는 질문입니다. 동의하시는 정도를 표시해 주십시오.

| | 전혀<br>아니다 | 보통 | 매우<br>그렇다 |
|---|---|---|---|
| 1) 나는 인터넷 채용정보 사이트에 대해 잘 아는 편이다. | ①---②---③---④---⑤---⑥---⑦ | | |
| 2) 나는 인터넷 채용정보 사이트를 이용해본 경험이 있다. | ①---②---③---④---⑤---⑥---⑦ | | |
| 3) 어떤 인터넷 채용정보 사이트에 회원으로 가입할지 결정하는 것은 나에게 매우 중요한 결정이다. | ①---②---③---④---⑤---⑥---⑦ | | |
| 4) 나는 어떤 인터넷 채용정보 사이트에 회원가입 여부를 결정하기 전에 많은 생각을 한다. | ①---②---③---④---⑤---⑥---⑦ | | |
| 5) 인터넷 채용정보 사이트에 회원가입 여부 선택을 잘못하는 것은 나에게 큰 피해가 된다. | ①---②---③---④---⑤---⑥---⑦ | | |

## <u>상황 설정</u>

귀하가 인터넷 채용정보 사이트를 통해
채용정보 검색 및 구직하려고 합니다.

**퍼스트잡(www.firstjob.co.kr)**

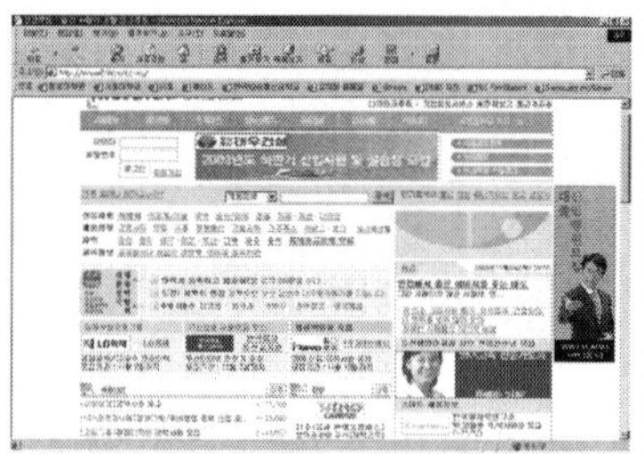

<설명>

퍼스트잡(www.firstjob.co.kr)은 최근 벤처 컨소시엄에서 투자하여 오픈한 신규 채용정보 업체입니다. 현재 온라인 채용정보협회 회원입니다.

## <u>본 사이트 회원가입 시의 부가서비스 혜택</u>

**1.** 제휴 패밀리 레스토랑 할인권(**5,000원**) 증정

**2.** 무료 증명사진 서비스 제공

1. 다음은 위 사이트(퍼스트잡, www.firstjob.co.kr)에 대한 귀하의 의견을 묻는 질문입니다. 동의하시는 정도를 표시해 주십시오.

| | 전혀 아니다 | 보통 | 매우 그렇다 |
|---|---|---|---|
| 1) 이 사이트는 내가 원하는 정보를 많이 가지고 있을 것이다. | ①---②---③---④---⑤---⑥---⑦ | | |
| 2) 이 사이트를 통해 내가 원하는 회사와 일(Job)을 구할 수 있을 것이다. | ①---②---③---④---⑤---⑥---⑦ | | |
| 3) 이 사이트는 고품질의 서비스를 제공할 것이다. | ①---②---③---④---⑤---⑥---⑦ | | |
| 4) 이 사이트는 개인정보보호에 많은 관심을 가질 것이다. | ①---②---③---④---⑤---⑥---⑦ | | |

2. 다음은 위 사이트(퍼스트잡, www.firstjob.co.kr)의 부가서비스에 대한 귀하의 의견을 묻는 질문입니다. 동의하시는 정도를 표시해 주십시오.

| | 전혀<br>아니다 | 보통 | 매우<br>그렇다 |
|---|---|---|---|
| 1) 이 사이트는 회원가입 시 부가서비스 혜택을 많이 제공하는 편이다. | ①---②---③---④---⑤---⑥---⑦ | | |
| 2) 이 사이트는 회원전용 부가서비스 혜택에 많은 비용을 투입한다. | ①---②---③---④---⑤---⑥---⑦ | | |
| 3) 이 사이트는 회원전용 부가서비스에 많은 노력을 기울이고 있다. | ①---②---③---④---⑤---⑥---⑦ | | |

## 잡123(www.job123.co.kr)

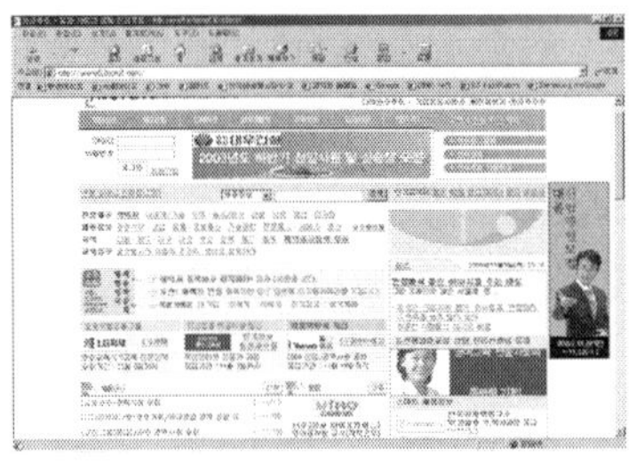

| | |
|---|---|
| | <설명><br>잡123(www.job123.co.kr)은 최근 벤처 컨소시엄에서 투자하여 오픈한 신규 채용정보 업체입니다. 현재 온라인 채용정보협회 회원입니다. |

---

### 본 사이트 회원가입 시의 부가서비스 혜택

**1.** 제휴 패밀리 레스토랑 할인권(**10,000원**) 증정

**2.** 무료 증명사진 서비스 제공

**3.** 회원용 이메일 계정 제공

1. 다음은 위 사이트(잡123, www.job123.co.kr)에 대한 귀하의 의견을 묻는 질문입니다. 동의하시는 정도를 표시해 주십시오.

| | 전혀<br>아니다 | 보통 | 매우<br>그렇다 |
|---|---|---|---|
| 1) 이 사이트는 내가 원하는 정보를 많이 가지고 있을 것이다. | | ①---②---③---④---⑤---⑥---⑦ | |
| 2) 이 사이트를 통해 내가 원하는 회사와 일(Job)을 구할 수 있을 것이다. | | ①---②---③---④---⑤---⑥---⑦ | |
| 3) 이 사이트는 고품질의 서비스를 제공할 것이다. | | ①---②---③---④---⑤---⑥---⑦ | |
| 4) 이 사이트는 개인정보보호에 많은 관심을 가질 것이다. | | ①---②---③---④---⑤---⑥---⑦ | |

2. 다음은 위 사이트(잡123, www.job123.co.kr)의 부가서비스에 대한 귀하의 의견을 묻는 질문입니다. 동의하시는 정도를 표시해 주십시오.

| | 전혀<br>아니다 | 보통 | 매우<br>그렇다 |
|---|---|---|---|
| 1) 이 사이트는 회원가입 시 부가서비스 혜택을 많이 제공하는 편이다. | | ①---②---③---④---⑤---⑥---⑦ | |
| 2) 이 사이트는 회원전용 부가서비스 혜택에 많은 비용을 투입한다. | | ①---②---③---④---⑤---⑥---⑦ | |
| 3) 이 사이트는 회원전용 부가서비스에 많은 노력을 기울이고 있다. | | ①---②---③---④---⑤---⑥---⑦ | |

## 인터넷 이용 일반

1. 귀하가 인터넷을 가장 많이 이용하시는 장소는 어디입니까?
① 가정　② 직장　③ 학교　④ PC방　⑤ 기타:________

2. 귀하께선 일주일에 **인터넷을 어느 정도 이용**하십니까? ___시간
정도

3. 귀하께선 한 달에 한 번 이상 사용하는 **이메일**을 몇 개나
가지고 계십니까?
① 1개　② 2개　③ 3개　④ 4개　⑤ 5개　⑥ 6개 이상　⑦ 없음

4. 귀하는 **유료**로 이용하시는 사이트가 몇 개나 있으십니까?
① 1-2개　② 3-4개　③ 5-6개　④ 7-8개　⑤ 9-10개　⑥ 11개 이상
⑦ 없음

## 응답자 질문

1. 귀하의 성별은? (1) 남　　　　(2) 여

2. 귀하의 나이는? 만 _____ 세

3. 귀하의 직업은?
(1) 대학생　(2) 대학원생　(3) 직장인　(4) 사업가　(5) 전문직
(6) 무직　(7) 기타

- 오랜 시간 설문에 응답해주셔서 대단히 감사합니다 -

# 인터넷 채용정보 사이트에 대한 사용자 의식 조사(실험 2,3,4용-1)

안녕하십니까?

귀하께서 하시는 모든 일에 행운이 함께하길 기원합니다. 본 설문은 인터넷 채용정보 사이트 이용 관련 사용자 의식 조사입니다. 답변해 주신 내용은 모두 연구서 작성을 위한 자료 분석을 위해서만 사용되며, 귀하의 개인 정보는 법에 의해 보호됨을 약속 드립니다. 바쁘시더라도 본 설문에 협조하여 주시면 대단히 감사하겠습니다. 차분히 읽으시고 답변해주실 것을 부탁드립니다.

<사전 질문> 다음은 인터넷 채용정보 사이트에 대한 귀하의 일반적인 의견을 묻는 질문입니다. 동의하시는 정도를 표시해 주십시오.

| | 전혀 아니다 | 보통 | 매우 그렇다 |
|---|---|---|---|
| 1) 나는 인터넷 채용정보 사이트에 대해 잘 아는 편이다. | ①---②---③---④---⑤---⑥---⑦ | | |
| 2) 나는 인터넷 채용정보 사이트를 이용해본 경험이 있다. | ①---②---③---④---⑤---⑥---⑦ | | |
| 3) 어떤 인터넷 채용정보 사이트에 회원가입 할지 결정하는 것은 나에게 매우 중요한 결정이다. | ①---②---③---④---⑤---⑥---⑦ | | |
| 4) 나는 어떤 인터넷 채용정보 사이트에 회원가입 여부를 결정하기 전에 많은 생각을 한다. | ①---②---③---④---⑤---⑥---⑦ | | |
| 5) 인터넷 채용정보 사이트에 회원가입 여부 선택을 잘못하는 것은 나에게 큰 피해가 된다. | ①---②---③---④---⑤---⑥---⑦ | | |

<u>상황 설정</u>

귀하가 인터넷 채용정보 사이트를 통해
채용정보 검색 및 구직하려고 합니다.

<u>상황 설정</u>

귀하가 인터넷 채용정보 사이트를 통해
채용정보 검색 및 구직하려고 합니다.

# Part 1: 신규 채용정보 사이트 관련

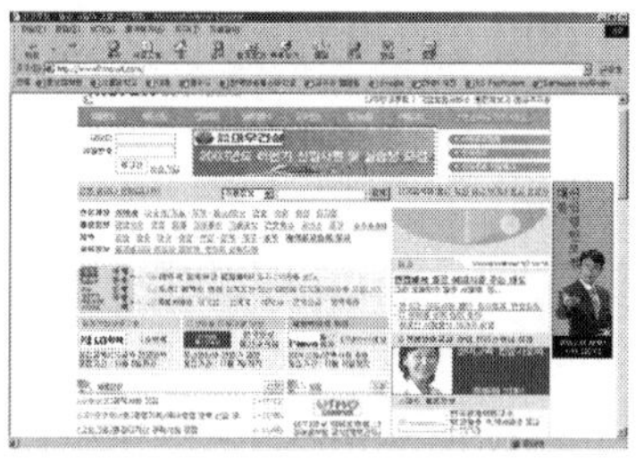

<설명>

퍼스트잡(www.firstjob.co.kr)은 최근 벤처 컨소시엄에서 투자하여 오픈한 신규 채용정보 업체입니다. 현재 온라인 채용정보협회 회원입니다.

---

## 본 사이트 회원가입 시의 부가서비스 혜택

**1. 제휴 패밀리 레스토랑 할인권(2,000원) 증정**

---

1. 다음은 위 사이트(퍼스트잡, www.firstjob.co.kr)에 대한 귀하의 의견을 묻는 질문입니다. 동의하시는 정도를 표시해 주십시오.

| | 전혀 아니다 | 보통 | 매우 그렇다 |
|---|---|---|---|
| 1) 이 사이트는 내가 원하는 정보를 많이 가지고 있을 것이다. | ①---②---③---④---⑤---⑥---⑦ | | |
| 2) 이 사이트를 통해 내가 원하는 회사와 일(Job)을 구할 수 있을 것이다. | ①---②---③---④---⑤---⑥---⑦ | | |
| 3) 이 사이트는 고품질의 서비스를 제공할 것이다. | ①---②---③---④---⑤---⑥---⑦ | | |
| 4) 이 사이트는 개인정보보호에 많은 관심을 가질 것이다. | ①---②---③---④---⑤---⑥---⑦ | | |

2. 다음은 위 사이트(퍼스트잡, www.firstjob.co.kr)의 부가서비스에 대한 귀하의 의견을 묻는 질문입니다. 동의하시는 정도를 표시해 주십시오.

| | 전혀<br>아니다 | 보통 | 매우<br>그렇다 |
|---|---|---|---|
| 1) 이 사이트는 회원가입 시 부가서비스 혜택을 많이 제공하는 편이다. | ①---②---③---④---⑤---⑥---⑦ | | |
| 2) 이 사이트는 회원전용 부가서비스 혜택에 많은 비용을 투입한다. | ①---②---③---④---⑤---⑥---⑦ | | |
| 3) 이 사이트는 회원전용 부가서비스에 많은 노력을 기울이고 있다. | ①---②---③---④---⑤---⑥---⑦ | | |

# Part 2: 기존 채용정보 사이트 관련

삼성전자(1개월 내 채용)
산업은행(1개월 내 채용)
피앤지(1개월 내 채용)
에스케이 텔레콤(1개월 내 채용)

## 사전 정보

"온라인 채용정보 사이트인 잡114(www.job114.co.kr)은 지난 1년간의 실적에서 국내 1위의 자리를 지키고 있으며…" (전자신문, 2003년 8월)

"국내 채용정보 사이트 중에서 잡114(www.job114.co.kr)이 구인업체 연결 면에서 소비자가 가장 선호하는 것으로 조사되었다고 한다…" (매일경제신문, 2003년 7월)

"소비자 만족도 및 거래 성사 실적 면에서 잡114(www.job114.co.kr)이 국내 채용정보 사이트 중에서 1위의 위치를 고수하고 있으며…" (조선일보, 2003년 9월)

1. 귀하께서는 위 사이트(잡114, www.job114.co.kr)에서 어느 정도의 회원전용 부가 서비스 혜택(할인권, 경품, 각종 서비스 등)을 제시한다면 귀하의 개인정보(이름, 주민등록번호, 휴대폰 번호, 이메일 주소)를 제공하고 회원으로 가입하는데 적당하다고 느끼십니까? (참고: 정보통신부 조사 결과, 기업이 체감하는 소비자 1인의 개인정보 가치는 "평균 2만원" 수준)

무조건                                          무조건
가입                                            가입하지
하겠다                                          않겠다
　□ ______원 정도의 혜택이면 적당하다.　□

2. 다음은 위 사이트(잡114, www.job114.co.kr)에 대한 귀하의 의견을 묻는 질문입니다. 동의하시는 정도를 표시해 주십시오.

| | 전혀<br>아니다 | 보통 | 매우<br>그렇다 |
|---|---|---|---|
| 1) 이 사이트는 내가 원하는 정보를 많이 가지고 있을 것이다. | ①---②---③---④---⑤---⑥---⑦ | | |
| 2) 이 사이트를 통해 내가 원하는 회사와 일(Job)을 구할 수 있을 것이다. | ①---②---③---④---⑤---⑥---⑦ | | |
| 3) 이 사이트는 고품질의 서비스를 제공할 것이다. | ①---②---③---④---⑤---⑥---⑦ | | |

# **Part 3:** 정보보호에의 투자 관련

---

## 사전 정보

"온라인 채용정보 사이트인 잡1000(www.job1000.co.kr)은 지난 2년간의 실적에서 <u>국내 최상위</u>의 자리를 지키고 있으며..." (전자신문, 2003년 8월)

"국내 채용정보 사이트 중에서 잡1000(www.job1000.co.kr)이 구인업체 연결 면에서 <u>소비자가 가장 선호</u>하는 것으로 조사되었다고 한다..." (한국경제신문, 2003년 7월)

---

1. 귀하께서는 위 사이트(잡1000, www.job1000.co.kr)에서 <u>개인정보보호</u>(예: 보안방화벽 설치, 외부인증 획득)를 위해 <u>어느 정도를 투자한다면</u> 귀하의 개인정보(이름, 주민등록번호, 휴대폰 번호, 이메일 주소)를 제공하고 회원으로 가입하는데 적당하다고 느끼십니까?
(참고: <u>기존의 업계평균 **100 %**</u> 기준)

| 무조건<br>가입<br>하겠다 | | 무조건<br>가입하지<br>않겠다 |
|---|---|---|

☐   기존 업계평균 수준의 ＿＿＿퍼센트(%) 투자하면 적당하다.   ☐

2. 다음은 최근의 일반적인 인터넷 사이트의 개인정보 보호와 관련한 귀하의 의견을 묻는 질문입니다. 동의하시는 정도를 표시해 주십시오.

|  | 전혀<br>아니다 | 보통 | 매우<br>그렇다 |
|---|---|---|---|
| 1) 인터넷 사이트를 운용하는 기업은 소비자의 개인정보를 제3자에게 제공하여 큰 이득을 볼 수 있다. | ①---②---③---④---⑤---⑥---⑦ | | |
| 2) 인터넷 사이트를 운영하는 기업은 소비자의 개인정보를 제3자에게 제공하여 용이하게 이득을 볼 수 있다. | ①---②---③---④---⑤---⑥---⑦ | | |
| 3) 인터넷 사이트를 운영하는 기업이 소비자의 개인정보를 유출할 가능성이 크다. | ①---②---③---④---⑤---⑥---⑦ | | |

## 인터넷 이용 일반

1. 귀하가 인터넷을 가장 많이 이용하시는 장소는 어디입니까?
① 가정   ② 직장   ③ 학교   ④ PC방   ⑤ 기타:_____

2. 귀하께선 일주일에 **인터넷**을 어느 정도 이용하십니까? ___시간 정도

3. 귀하께선 한 달에 한 번 이상 사용하는 이메일을 몇 개나 가지고 계십니까?
① 1개  ② 2개  ③ 3개  ④ 4개  ⑤ 5개  ⑥ 6개 이상  ⑦ 없음

4. 귀하는 **유료**로 이용하시는 사이트가 몇 개나 있으십니까?
① 1-2개  ② 3-4개  ③ 5-6개  ④ 7-8개  ⑤ 9-10개  ⑥ 11개 이상
⑦ 없음

## 응답자 질문

1. 귀하의 성별은? (1) 남          (2) 여

2. 귀하의 나이는? 만 ____ 세

3. 귀하의 직업은?
(1) 대학생   (2) 대학원생   (3) 직장인   (4) 사업가   (5) 전문직
(6) 무직   (7) 기타

- 오랜 시간 설문에 응답해주셔서 대단히 감사합니다 -

# 인터넷 채용정보 사이트에 대한 사용자 의식 조사(실험 2,3,4용-2)

안녕하십니까?
귀하께서 하시는 모든 일에 행운이 함께하길 기원합니다. 본 설문은 인터넷 채용정보 사이트 이용 관련 사용자 의식 조사입니다. 답변해 주신 내용은 모두 연구서 작성을 위한 자료 분석을 위해서만 사용되며, 귀하의 개인 정보는 법에 의해 보호됨을 약속 드립니다. 바쁘시더라도 본 설문에 협조하여 주시면 대단히 감사하겠습니다. 차분히 읽으시고 답변해주실 것을 부탁드립니다.

<사전 질문> 다음은 인터넷 채용정보 사이트에 대한 귀하의 일반적인 의견을 묻는 질문입니다. 동의하시는 정도를 표시해 주십시오.

| | 전혀 아니다 | 보통 | 매우 그렇다 |
|---|---|---|---|
| 1) 나는 인터넷 채용정보 사이트에 대해 잘 아는 편이다. | ①---②---③---④---⑤---⑥---⑦ | | |
| 2) 나는 인터넷 채용정보 사이트를 이용해본 경험이 있다. | ①---②---③---④---⑤---⑥---⑦ | | |
| 3) 어떤 인터넷 채용정보 사이트에 회원가입 할지 결정하는 것은 나에게 매우 중요한 결정이다. | ①---②---③---④---⑤---⑥---⑦ | | |
| 4) 나는 어떤 인터넷 채용정보 사이트에 회원가입 여부를 결정하기 전에 많은 생각을 한다. | ①---②---③---④---⑤---⑥---⑦ | | |
| 5) 인터넷 채용정보 사이트에 회원가입 여부 선택을 잘못하는 것은 나에게 큰 피해가 된다. | ①---②---③---④---⑤---⑥---⑦ | | |

### <u>상황 설정</u>

귀하가 인터넷 채용정보 사이트를 통해

채용정보 검색 및 구직하려고 합니다.

# Part 1: 신규 채용정보 사이트 관련

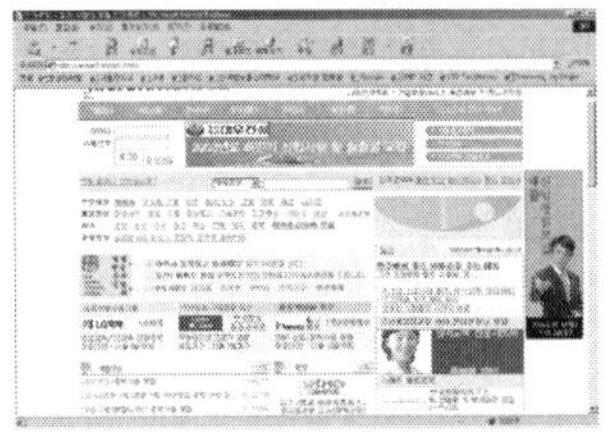

<설명>

퍼스트잡(www.firstjob.co.kr)은 최근 벤처 컨소시엄에서 투자하여 오픈한 신규 채용정보 업체입니다. 현재 온라인 채용정보협회 회원입니다.

| 본 사이트 회원가입 시의 부가서비스 혜택 |
|---|
| **1.** 제휴 패밀리 레스토랑 할인권**(10,000원)** 증정 |
| **2.** 무료 증명사진 서비스 제공 |
| **3.** 회원용 이메일 계정 제공 **(10메가)** |

1. 다음은 위 사이트(퍼스트잡, www.firstjob.co.kr)에 대한 귀하의 의견을 묻는 질문입니다. 동의하시는 정도를 표시해 주십시오.

| | 전혀<br>아니다 | 보통 | 매우<br>그렇다 |
|---|---|---|---|
| 1) 이 사이트는 내가 원하는 정보를 많이 가지고 있을 것이다. | ①---②---③---④---⑤---⑥---⑦ | | |
| 2) 이 사이트를 통해 내가 원하는 회사와 일(Job)을 구할 수 있을 것이다. | ①---②---③--④---⑤---⑥---⑦ | | |
| 3) 이 사이트는 고품질의 서비스를 제공할 것이다. | ①---②---③--④---⑤---⑥---⑦ | | |
| 4) 이 사이트는 개인정보보호에 많은 관심을 가질 것이다. | ①---②---③--④---⑤---⑥---⑦ | | |

2. 다음은 위 사이트(퍼스트잡, www.firstjob.co.kr)의 부가서비스에 대한 귀하의 의견을 묻는 질문입니다. 동의하시는 정도를 표시해 주십시오.

| | 전혀 아니다 | 보통 | 매우 그렇다 |
|---|---|---|---|
| 1) 이 사이트는 회원가입 시 부가서비스 혜택을 많이 제공하는 편이다. | ①---②---③---④---⑤---⑥---⑦ | | |
| 2) 이 사이트는 회원전용 부가서비스 혜택에 많은 비용을 투입한다. | ①---②---③---④---⑤---⑥---⑦ | | |
| 3) 이 사이트는 회원전용 부가서비스에 많은 노력을 기울이고 있다. | ①---②---③---④---⑤---⑥---⑦ | | |

# Part 2: 기존 채용정보 사이트 관련

삼보종합건설(1개월 내 채용)
유진그룹(1개월 내 채용)
인터폰㈜(1개월 내 채용)
미향산업(1개월 내 채용)

## 사전 정보

"온라인 채용정보 사이트인 잡114(www.job114.co.kr)은 지난 1년간의 실적에서 국내 중위권(15~30위권)의 자리를 지키고 있으며…" (전자신문, 2003년 8월)

"국내 채용정보 사이트 중에서 잡114(www.job114.co.kr)이 구인업체 연결과 관련된 소비자 만족도 측면에서 업계 중위권(15~30위권)에 속하는 것으로 조사되었다…" (한국경제신문, 2003년 5월)

"소비자 만족도 및 거래 성사 실적 면에서 잡114(www.job114.co.kr)이 국내 채용정보 사이트 중에서 중간정도의 위치를 고수하고 있으며…" (조선일보, 2003년 7월)

1. 귀하께서는 위 사이트(잡114, www.job114.co.kr)에서 어느 정도의 회원전용 부가 서비스 혜택(할인권, 경품, 각종 서비스 등)을 제시한다면 귀하의 개인정보(이름, 주민등록번호, 휴대폰 번호, 이메일 주소)를 제공하고 회원으로 가입하는데 적당하다고 느끼십니까? (참고: 정보통신부 조사 결과, 기업이 체감하는 소비자 1인의 개인정보 가치는 "평균 2만원" 수준)

| 무조건 가입 하겠다 | | 무조건 가입하지 않겠다 |
|---|---|---|
| ☐ | ______원 정도의 혜택이면 적당하다. | ☐ |

2. 다음은 위 사이트(잡114, www.job114.co.kr)에 대한 귀하의 의견을 묻는 질문입니다. 동의하시는 정도를 표시해 주십시오.

| | 전혀<br>아니다 | 보통 | 매우<br>그렇다 |
|---|---|---|---|
| 1) 이 사이트는 내가 원하는 정보를 많이 가지고 있을 것이다. | ①---②---③---④---⑤---⑥---⑦ | | |
| 2) 이 사이트를 통해 내가 원하는 회사와 일(Job)을 구할 수 있을 것이다. | ①---②---③---④---⑤---⑥---⑦ | | |
| 3) 이 사이트는 고품질의 서비스를 제공할 것이다. | ①---②---③---④---⑤---⑥---⑦ | | |
| 4) 이 사이트는 개인정보보호에 많은 관심을 가질 것이다. | ①---②---③---④---⑤---⑥---⑦ | | |

# Part 3: 정보보호에의 투자 관련

㈜신세계(1개월 내 채용)

삼성전자(1개월 내 채용)

하나은행(1개월 내 채용)

㈜한화(1개월 내 채용)

## 사전 정보

"온라인 채용정보 사이트인 잡1000(www.job1000.co.kr)은 지난 1년간의 실적에서 <u>국내 최상위</u>의 자리를 지키고 있으며…" (전자신문, 2003년 8월)

"국내 채용정보 사이트 중에서 잡1000(www.job1000.co.kr)이 구인업체 연결 면에서 <u>소비자가 가장 선호</u>하는 것으로 조사되었다고 한다…" (한국경제신문, 2003년 7월)

## 추가 정보

"미국의 온라인 유통업체 OOO 와 또 다른 업체인 OOO 이 자신들이 수집한 소비자 <u>개인정보를 제3자에게 매각</u>하기 위한 절차를 밟고 있다고 한다…" (정보통신정책연구원 보고서, 2001년 4월)

"국내의 업체들도 <u>소비자 개인정보를 제휴회사 등에 제공</u>하면서 금전적, 전략적 혜택을 반대급부로 받는 사례가 발생하고 있다…" (정보통신부, 2003년 3월)

"기업이 데이터베이스화해 놓은 소비자의 개인정보를 돈을 받고 제3자에게 넘기는 행위는 외부에서 발견해내기가 쉽지 않다…" (전자신문, 2003년 6월)

1. 귀하께서는 위 사이트(잡1000, www.job1000.co.kr)에서 <u>개인정보보호</u>(예: 보안방화벽 설치, 외부인증 획득)를 위해 어느 정도를 투자한다면 귀하의 개인정보(이름, 주민등록번호, 휴대폰 번호, 이메일 주소)를 제공하고 회원으로 가입하는데 적당하다고 느끼십니까? (참고: <u>기존의 업계평균 100 %</u> 기준)

무조건                                                                무조건
 가입                                                              가입하지
하겠다                                                             않겠다
    □  기존 업계평균 수준의 ______퍼센트(%) 투자하면 적당하다.      □

2. 다음은 최근의 일반적인 인터넷 사이트의 개인정보 보호와 관련한 귀하의 의견을 묻는 질문입니다. 동의하시는 정도를 표시해 주십시오.

| | 전혀 아니다 | 보통 | 매우 그렇다 |
|---|---|---|---|
| 1) 인터넷 사이트를 운용하는 기업은 소비자의 개인정보를 제3자에게 제공하여 큰 이득을 볼 수 있다. | ①---②---③---④---⑤---⑥---⑦ | | |
| 2) 인터넷 사이트를 운영하는 기업은 소비자의 개인정보를 제3자에게 제공하여 용이하게 이득을 볼 수 있다. | ①---②---③---④---⑤---⑥---⑦ | | |
| 3) 인터넷 사이트를 운영하는 기업이 소비자의 개인정보를 유출할 가능성이 크다. | ①---②---③---④---⑤---⑥---⑦ | | |

## 인터넷 이용 일반

1. 귀하가 인터넷을 가장 많이 이용하시는 장소는 어디입니까?
① 가정   ② 직장   ③ 학교   ④ PC방   ⑤ 기타: ________

2. 귀하께선 일주일에 **인터넷을 어느 정도 이용**하십니까? ___시간 정도

3. 귀하께선 한 달에 한 번 이상 사용하는 **이메일**을 몇 개나 가지고 계십니까?
① 1개  ② 2개  ③ 3개  ④ 4개  ⑤ 5개  ⑥ 6개 이상  ⑦ 없음

4. 귀하는 **유료**로 이용하시는 사이트가 몇 개나 있으십니까?
① 1-2개  ② 3-4개  ③ 5-6개  ④ 7-8개  ⑤ 9-10개  ⑥ 11개 이상
⑦ 없음

## 응답자 질문

1. 귀하의 성별은? (1) 남 (2) 여

2. 귀하의 나이는? 만 ____ 세

3. 귀하의 직업은?
(1) 대학생   (2) 대학원생   (3) 직장인   (4) 사업가   (5) 전문직
(6) 무직   (7) 기타

   - 오랜 시간 설문에 응답해주셔서 대단히 감사합니다 -

# 인터넷 채용정보 사이트에 대한 사용자 의식 조사(회귀분석용 설문)

안녕하십니까?

귀하께서 하시는 모든 일에 행운이 함께하길 기원합니다. 본 설문은 인터넷 채용정보 사이트 이용 관련 사용자 의식 조사입니다. 답변해 주신 내용은 모두 연구서 작성을 위한 자료 분석을 위해서만 사용되며, 귀하의 개인 정보는 법에 의해 보호됨을 약속 드립니다. 바쁘시더라도 본 설문에 협조하여 주시면 대단히 감사하겠습니다. 차분히 읽으시고 답변해주실 것을 부탁드립니다.

<사전 질문> 다음은 인터넷 채용정보 사이트에 대한 귀하의 일반적인 의견을 묻는 질문입니다. 동의하시는 정도를 표시해 주십시오.

| | 전혀 아니다 | 보통 | 매우 그렇다 |
|---|---|---|---|
| 1) 나는 인터넷 채용정보 사이트에 대해 잘 아는 편이다. | | ①---②---③---④---⑤---⑥---⑦ | |
| 2) 나는 인터넷 채용정보 사이트를 이용해본 경험이 있다. | | ①---②---③---④---⑤---⑥---⑦ | |
| 3) 어떤 인터넷 채용정보 사이트에 회원가입 할지 결정하는 것은 나에게 매우 중요한 결정이다. | | ①---②---③---④---⑤---⑥---⑦ | |
| 4) 나는 어떤 인터넷 채용정보 사이트에 회원가입 여부를 결정하기 전에 많은 생각을 한다. | | ①---②---③---④---⑤---⑥---⑦ | |
| 5) 인터넷 채용정보 사이트에 회원가입 여부 선택을 잘못하는 것은 나에게 큰 피해가 된다. | | ①---②---③---④---⑤---⑥---⑦ | |
| 6) 인터넷 채용정보 사이트를 통해 내가 원하는 정보를 찾는 것은 나에게 매우 큰 효용을 줄 것이다. | | ①---②---③---④---⑤---⑥---⑦ | |
| 7) 인터넷 채용정보 사이트를 통해 내가 원하는 회사와 일(Job)을 구하는 것은 나에게 매우 큰 효용을 줄 것이다. | | ①---②---③---④---⑤---⑥---⑦ | |

<u>상황 설정</u>

귀하가 인터넷 채용정보 사이트를 통해
채용정보 검색 및 구직하려고 합니다.

# **Part 1:** 회원전용 부가서비스 관련

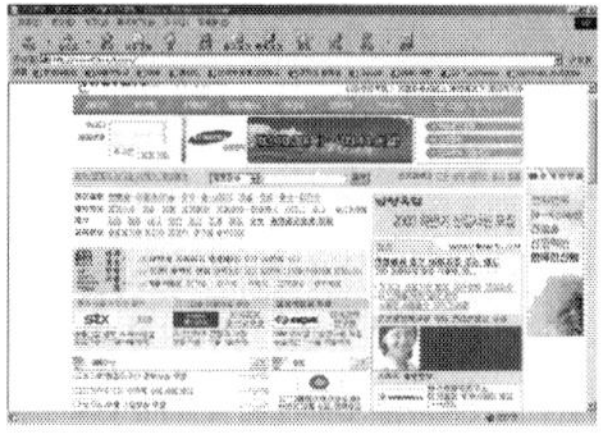

삼성전자(1개월 내 채용)
산업은행(1개월 내 채용)
피앤지(1개월 내 채용)
에스케이 텔레콤(1개월 내 채용)

---

### 사전 정보

"온라인 채용정보 사이트인 잡123(www.job123.co.kr)은 지난 1년간의 실적에서 <u>국내 1위</u>의 자리를 지키고 있으며…" (전자신문, **2003년 8월**)

"국내 채용정보 사이트 중 잡123(www.job123.co.kr)이 구인업체 연결 면에서 소비자가 <u>가장 선호</u>하는 것으로 조사되었다고 한다…" (매경, **2003년 7월**)

"소비자 만족도 및 거래 성사 실적 면에서 잡123(www.job123.co.kr)이 국내 채용정보 사이트 중에서 <u>1위의 위치</u>를 고수하고 있으며…" (조선일보, **2003년 9월**)

---

1. 귀하께서는 위 사이트(잡123, www.job123.co.kr)에서 <u>어느 정도의 회원전용 부가 서비스 혜택(할인권, 경품, 각종 서비스 등)을 제시한다면</u> 귀하의 개인정보(이름, 주민등록번호, 휴대폰 번호, 이메일 주소)를 제공하고 회원으로 가입하는데 적당하다고 느끼십니까? (참고: 정보통신부 조사 결과, <u>기업이 체감하는 소비자 1인의 개인정보 가치는 "평균 2만원" 수준</u>)

|  |  |
|---|---|
| 무조건<br>가입<br>하겠다 | 무조건<br>가입하지<br>않겠다 |
| ☐ ______원 정도의 혜택이면 적당하다. | ☐ |

2. 다음은 위 사이트(잡123, www.job123.co.kr)에 대한 귀하의 의견을 묻는 질문입니다. 동의하시는 정도를 표시해 주십시오.

| | 전혀<br>아니다 | 보통 | 매우<br>그렇다 |
|---|---|---|---|
| 1) 이 사이트는 내가 원하는 정보를 많이 가지고 있을 것이다. | ①---②---③---④---⑤---⑥---⑦ | | |
| 2) 이 사이트를 통해 내가 원하는 회사와 일(Job)을 구할 수 있을 것이다. | ①---②---③---④---⑤---⑥---⑦ | | |
| 3) 이 사이트는 고품질의 서비스를 제공할 것이다. | ①---②---③---④---⑤---⑥---⑦ | | |
| 4) 이 사이트는 개인정보보호에 많은 관심을 가질 것이다. | ①---②---③---④---⑤---⑥---⑦ | | |

3. 다음은 일반적인 인터넷 사이트와 관련하여 최근의 개인정보 및 사생활 침해 위험에 대한 귀하의 의견을 묻는 질문입니다. 동의하시는 정도를 표시해 주십시오.

| | 전혀<br>아니다 | 보통 | 매우<br>그렇다 |
|---|---|---|---|
| 1) 요즘 개인정보 및 사생활 침해 위험이 매우 심각하다고 느낀다. | ①---②---③---④---⑤---⑥---⑦ | | |
| 2) 일반적으로 인터넷 사이트에 개인 정보를 제공하는 것은 매우 위험하다. | ①---②---③---④---⑤---⑥---⑦ | | |
| 3) 개인정보 및 사생활 침해를 우려하여 인터넷 사이트 회원가입을 안 한다. | ①---②---③---④---⑤---⑥---⑦ | | |

<다음 페이지로 이어집니다.>

# **Part 2:** 정보보호에의 투자 관련

㈜신세계(1개월 내 채용)
삼성전자(1개월 내 채용)
하나은행(1개월 내 채용)
㈜한화(1개월 내 채용)

---

### 사전 정보

"온라인 채용정보 사이트인 잡1000(www.job1000.co.kr)은 지난 2년간의 실적에서 국내 최상위의 자리를 지키고 있으며…" (전자신문, 2003년 8월)

"국내 채용정보 사이트 중에서 잡1000(www.job1000.co.kr)이 구인업체 연결 면에서 소비자가 가장 선호하는 것으로 조사되었다고 한다…" (한국경제신문, 2003년 7월)

---

1. 귀하께서는 위 사이트(잡1000, www.job1000.co.kr)에서 개인정보보호(예: 보안방화벽 설치, 외부인증 획득)를 위해 어느 정도를 투자한다면 귀하의 개인정보(이름, 주민등록번호, 휴대폰 번호, 이메일 주소)를 제공하고 회원으로 가입하는데 적당하다고 느끼십니까? (참고: 기존의 업계평균 **100 %** 기준)

무조건                                                                                    무조건
 가입                                                                                     가입하지
하겠다                                                                                    않겠다
　□　기존 업계평균 수준의 ______퍼센트(%) 투자하면 적당하다.　□

2. 다음은 위 사이트(잡1000, www.job1000.co.kr)에 대한 귀하의 의견을 묻는 질문입니다. 동의하시는 정도를 표시해 주십시오.

| | 전혀 아니다 | 보통 | 매우 그렇다 |
|---|---|---|---|
| 1) 이 사이트는 내가 원하는 정보를 많이 가지고 있을 것이다. | ①---②---③---④---⑤---⑥---⑦ | | |
| 2) 이 사이트를 통해 내가 원하는 회사와 일(Job)을 구할 수 있을 것이다. | ①---②---③---④---⑤---⑥---⑦ | | |
| 3) 이 사이트는 경쟁 사이트에 비해 더 많은 수익을 거둘 것이다. | ①---②---③---④---⑤---⑥---⑦ | | |

3. 다음은 최근의 일반적인 인터넷 사이트의 개인정보 보호와 관련한 귀하의 의견을 묻는 질문입니다. 동의하시는 정도를 표시해 주십시오.

| | 전혀 아니다 | 보통 | 매우 그렇다 |
|---|---|---|---|
| 1) 인터넷 사이트를 운용하는 기업은 소비자의 개인정보를 제3자에게 제공하여 큰 이득을 볼 수 있다. | ①---②---③---④---⑤---⑥---⑦ | | |
| 2) 인터넷 사이트를 운영하는 기업은 소비자의 개인정보를 제3자에게 제공하여 용이하게 이득을 볼 수 있다. | ①---②---③---④---⑤---⑥---⑦ | | |
| 3) 인터넷 사이트를 운영하는 기업이 소비자의 개인정보를 유출할 가능성이 크다. | ①---②---③---④---⑤---⑥---⑦ | | |

## 인터넷 이용 일반

1. 귀하가 인터넷을 가장 많이 이용하시는 장소는 어디입니까?
① 가정   ② 직장   ③ 학교   ④ PC방   ⑤ 기타:______

2. 귀하께선 일주일에 **인터넷을 어느 정도 이용**하십니까? ___시간
정도

3. 귀하께선 한 달에 한 번 이상 사용하는 **이메일**을 몇 개나
가지고 계십니까?
① 1개  ② 2개  ③ 3개  ④ 4개  ⑤ 5개  ⑥ 6개 이상  ⑦ 없음

4. 귀하는 **유료**로 이용하시는 사이트가 몇 개나 있으십니까?
① 1-2개  ② 3-4개  ③ 5-6개  ④ 7-8개  ⑤ 9-10개  ⑥ 11개 이상
⑦ 없음

## 응답자 질문

1. 귀하의 성별은? (1) 남       (2) 여

2. 귀하의 나이는? 만 ____ 세

3. 귀하의 직업은?
(1) 대학생  (2) 대학원생  (3) 직장인  (4) 사업가  (5) 전문직
(6) 무직  (7) 기타

- 오랜 시간 설문에 응답해주셔서 대단히 감사합니다 -

♣ 저자

• 김현식 (金鉉植)    약력
서울대학교 경영학과 졸업
서울대학교 대학원 경영학석사
서울대학교 대학원 경영학박사
LG 경제연구원 선임연구원
한국방송통신대학교 연구원
서울대학교/한국외국어대학교/세종사이버대학교 강사

주요 논저
저비용 온라인 유통채널 도입시의 채널갈등 관리방안 연구
온라인 정보중간상 회원가입시의 소비자 정보비대칭성 연구
소비자 정보 획득을 위한 정보중간상의 신호전송 행태 연구
무료 컨텐츠를 통한 온라인 정보중간상의 신호전송 연구
온라인 정보중간상의 서비스역량과 고객정보보호의 성실
성에 대한 게임이론적 모형 개발
외 다수.

본 도서는 한국학술정보(주)와 저작자 간에 출판권 및 전송권 계약이 체결
된 도서로서, 당사와의 계약에 의해 이 도서를 구매한 도서관은 대학(동일
캠퍼스) 내에서 정당한 이용권자(재적학생 및 교직원)에게 전송할 수 있는
권리를 보유하게 됩니다. 그러나 타 지역으로의 전송과 정당한 이용권자 이
외의 이용은 금지되어 있습니다.

# 온라인 시장실패의 원인과 대응방안

| | |
|---|---|
| ·초판인쇄 | 2004 년 11 월 1 일 |
| ·초판발행 | 2004 년 11 월 2 일 |
| ·지 은 이 | 김현식 |
| ·펴 낸 이 | 채종준 |
| ·펴 낸 곳 | 한국학술정보㈜ |
| | 경기도 파주시 교하읍 문발리 |
| | 파주출판문화정보산업단지 526-2 |
| | 전화  031)908-3181(대표) · 팩스  031)908-3189 |
| | 홈페이지  http://www.kstudy.com |
| | e-mail(e-Book 사업부)  ebook@kstudy.com |
| ·등    록 | 제일산-115 호(2000.6.19) |
| ·가    격 | 15,000 원 |

ISBN    89-534-2154-3 93320 (paper book)
        89-534-2155-1 98320 (e-book)